巧游圆明园

发现圆明园的 60 个细节

单志刚 著

故宫出版社

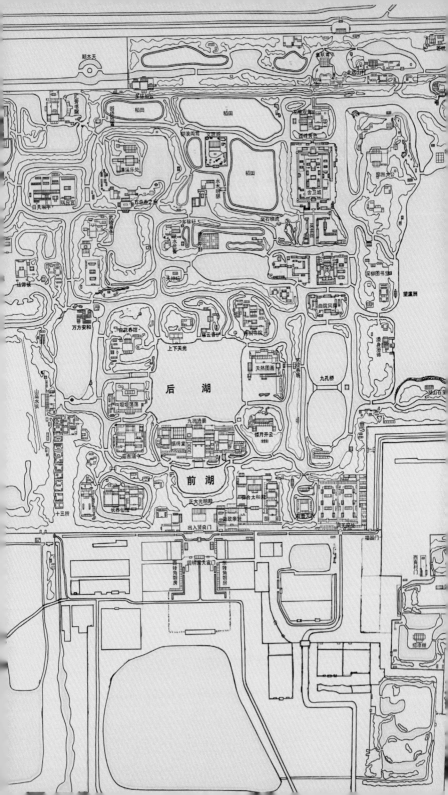

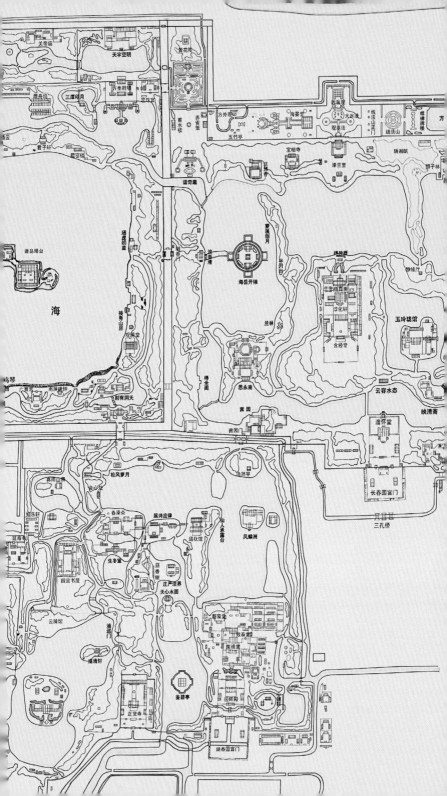

目　录

发现·圆明园

大宫门与理政区

发现·圆明园

西北部区

发现·圆明园
福海区

发现·圆明园
长春园区

发现 · 圆明园

绮春园区

写给读者的话

　　起初，胤禛只是在畅春园附近被御赐了一片绿树成荫、有花有草的地方，修了个度假山庄，在每年三伏天给自己避暑。直到他的儿子弘历去南方游玩，沿途见识到江南山水的秀美风光，心旷神怡之余，非常羡慕那里诗情画意的风景中的生活。弘历回来后仿佛开了窍一般，就在圆明园开发了这片山水福地，模仿江南风景修建园林。他把小园子扩张，连续六次南下考察，逐渐大兴土木，并请专家设计。待他去世，子承父业，孙承子业，祖孙三代揣着愚公移山的精神，终于把一座有山有水的南方园林，照搬到圆明园来了。

　　圆明园从无到有，平地而起，从荒芜水田到壮丽殿宇的蜕变，无不显示出古人的智慧。园林和建筑的结合，呈现出"诗中有画、画中有诗"的意境。

　　圆明园中有故事，有文化，也有值得品味的皇家历史、建筑、宫廷生活等。咱们就要从不一样的角度，来发现圆明园中的 60 处细节，以轻松诙谐的方式，向大家全面解析这座离宫文化的方方面面，带大家走进一场圆明园文化的探寻之旅，并以圆明园游览的路线探索出脉络。

　　如今的圆明园，已没有了气势恢宏的建筑，眼界所及之处是一片自然风光，不禁有些凄凉。面临这样的景象，我们想象不出那时的辉煌。那段耀眼的时光终究还是需要我们自己去默默钩沉、浅浅断想。

圆明园线路曲折，是要你主动出击去找寻这里的精彩所在，你所需要的就是节省时间的指引和点拨，这正是这本小册子所带给你的。园中60处精彩的细节，没有板正的评点，有的是行动、发现与思考。册子很小，字数不多，更多的是要你在现场收获，带上它一起到圆明园发掘寻宝吧。

单志刚

2019 年 12 月 1 日

圆明园总览

雍正三年（1725），圆明园初步建成。同年八月，雍正帝开始在园内听政。勤政殿是勤政亲贤的主殿，外檐悬雍正帝御书"勤政殿"匾额，内额为"勤政亲贤"。听政的地方也大多以"勤政"命名，这是勤政亲贤的意义表达。大殿后楣高悬雍正帝御书匾额"为君难"，这些都体现了皇帝勤政的主旨。

雍正在位十三年的勤政，增加了国家的物资储备，为乾隆盛世的到来奠定了扎实的基础。

乾隆帝即位后，继续营造圆明园，并于乾隆十年（1745）在圆明园东邻的水磨村一带开始创建长春园。长春园的营建活动持续了四十余年。乾隆帝在位六十年"归政"后住在紫禁城的宁寿宫，并未像他当初设想的那样，在长春园里颐养天年。

对于圆明园的营缮工程，乾隆帝始终不遗余力。他首先在圆明园旧有的范围内调整园林，同时也增建了若干园林。乾隆三十四年（1769），绮春园并入了圆明园，但乾隆帝当时并未在绮春园居住。在此期间，熙春园、绮春园、春熙院先后归入圆明园统一管理。

嘉庆帝即位后，对绮春园进行了大规模的改建和增建。道光初年将该园东路改建、增饰，专供皇太后、皇太妃园居之用。

咸丰十年（1860），英法联军进犯京师。咸丰帝退守两难，最终打着"北巡"的幌子，仓皇从圆明园逃奔至承德避暑山庄。

　　光绪二十二年（1896），慈禧太后和光绪帝数次来到圆明园，重新启动圆明园的修复工程。光绪二十六年（1900），八国联军入侵北京，圆明园再遭浩劫。随着清王朝的衰落，这座巨大的园林消失在人们的视野之中，如今只能让人凭吊追忆了。

作为离宫，圆明园的大宫门与理政区是皇帝园居时接受朝拜、听政议政、处理公务、接见外使的地方，其功能类似于紫禁城的养心殿。雍正帝之后，园居理政被沿为惯例，圆明园逐渐成为紫禁城外的另一个政治中心，具有相当特殊的政治地位。

雍正元年（1723），

雍正帝在圆明园专门设立了总管机构。

雍正二年（1724），

圆明园的行政管理部门中有六个总领和十二个副总领。

此后，

管理职位和人员不断增加。

[第 **1** 站]

圆明园门禁

　　圆明园总管由皇帝亲自挑选。园内各级人事变动均由内务府具体负责，然后上报皇帝裁定。圆明园的每个工作人员都要全身心地为皇帝服务，考核时如被判定为工作不力者将被逐出圆明园。

　　清朝时期的圆明园是禁地，乾隆帝曾三令五申非圆明园内部人员严禁在园中停留，以保证园内安全。门禁依照紫禁城

◎清　腰牌　　　　　　　　　　　◎清　御赐养老牌

旧例办理。圆明园的门户及园内各处均有专职人员负责稽查出入，并有严格的门禁条例。每个人都要随身携带腰牌，主管衙门在牌上用火烙印，再造对牌送到各门。出入查验时以此作为凭证，可以明确该人"入自何门，仍令其出自何门"，倘有更换、调换岗位者，要随时通知专职人员，并由总领前往禁门，更正牌上的姓名。

现在办理出入证件时，有证件照可以证明身份，而清代没有证件照，只好用文字描述人物的长相。

清代的出入证件用的是腰牌，不是挂牌。清代腰牌上的记录很有意思，上面用文字描述了每个人的面貌特征，多为"面黄有须、面黄微须、面相微麻"等，这种描述使验查行之有效。清代的腰牌为木制，长方形，上面刻有持牌者的姓名、年龄、面貌特征和编号，并注明制作年代及该人所属衙门。由内务府任命的总管太监处，保留一份园内所有人员的个人档案，包括每个人的外貌特征，防止可疑人员潜入园内。

◎大宫门遗址

　　自乾隆时期开始，门禁旧例日渐疏漏，乱入宫门的情况时有发生，并日益严重，最根本的原因是值守人员的松懈渎职。

　　乾隆十四年（1749）的一天，当乾隆帝在圆明园弃舟上岸时，看到一名管理圆明园的官员带着自己的亲属在园中闲逛，顿时大为光火。第二天，他就下旨整顿圆明园内的安全管理，规定除少数极有威望的亲王、大臣外，任何人都不许携带随从入园。圆明园总领还对来园中做工的园户进行细致的检查，入园之前，园户们都要在门口集合，接受查点。虽然经过这次事件，园内的安全问题暂时得到了改善，但是一段时间过后，值守人员又松懈了下来。

　　乾隆十六年（1751）七月的一次事件，使值守人员开始认真彻查园户，设立详细的出入门禁条例。原因是一件发生在勤政殿的偷盗事件。经查，原来是有人潜入禁园盗窃了一件玉器。此事过后，园内事务大臣等斟酌商议：首先，对圆明园现有的园户和正在等待差事的人员进行检查，设立对牌，编制准确的年龄和面貌的描述，安排总领等官员每日在相应门禁查验腰牌，详细比对年貌，并出示担保凭据；其次，由总管太监交各处首领严格检查在园内当差的人员，每日都要进行门户的搜检、管理，统领与副统领等加大外部的巡逻检查，按期报到，严谨约束园户，如有可疑或年老久病、滑懒不堪应役者，需执行规定辞退。另外，如遇世管佐领（八旗佐领之一种）、管领不仔细详查的，或有顶替、蒙混过关的，一经查出必深究。

圆明园须持牌进出，对于进出园内的工作人员有严格的规定。在挑选太监、园户、匠役等时，除园户本人都要给予火印腰牌。出入禁门时，值班的护军参领、护军校、护军皆要被严行盘问并查验。园内当差人员出园时也要被点验才能放出。至于各处太监、园户等人从何门出入要由总管太监等奏

◎大东门内

◎绮春园宫门

请皇帝本人决定，所有官员均不准违规审批。

乾隆十七年（1752），圆明园开始定期执行彻查工作，启动了一项"户口清理"计划。圆明园内各处皆有太监、园户、应差等，他们白天打扫山道与广场地面，夜间做看更看守，这些人员的出入都需严守制度。但各园户内仍出现顶替之事，皇帝便派吉庆、安泰、三泰、成林，会同五福、偻赫及各园内管理大臣一并详查此事。经过严密的检查，他们发现，在西峰秀色当差的园户每十名中就有八名是顶替者，系该地管理人员延迟拖拉所致，这些人若不从重处罚，无以整治园内的纪律，故重罚以示惩戒；同时该管理处的首领太监等也被交由总管太监严加惩治。在这次严查中还查出一些私自冒名顶替院内护军之人，这些顶替及被替之人，皆被杖罚一百。

这些规定所涉及人员在出入对应之门时，要接受实名查点，不在上述规定范围内的人员一律不准擅自入内。出入圆

◎长春园宫门

明园有严格的管理，官员有门籍，匠役有腰牌，跟随有定数，既不准滥行出入，亦不得掺杂混淆，并且各类人员一般都有特定的园门以供出入。

　　清朝每年有大量杂役人员出入圆明园。外来人员出入圆明园颇为频繁，而且人数众多，这对于管理圆明园门禁的内务府来说是一项很严峻的挑战。

圆明园的大宫门是正宫门，

内外两道门殿，

前为大宫门，

专供皇帝出入之用，

内为出入贤良门，

又称二宫门。

[第 **2** 站]

大宫门的麒麟与狮子

　　大宫门南向门殿面阔五间，门楣挂雍正帝御书"圆明园"匾。出入贤良门骑本园南墙而建。大宫门殿东西分设左门、右门，大臣奉旨入园从左门出入，太监杂役人员从右门出入。在出入贤良门和大宫门外，分列东西朝房和转角朝房，为六部九卿值所，其外侧设东西如意门和东西夹道门（亦称东筒、西筒砖门）。上列区域皆属宫门禁区。

◎颐和园门口的铜狮子

◎颐和园门口的铜麒麟

雍正初年，圆明园大宫门外最早曾安放着一对石麒麟，但它在大宫门前只摆了不足二十年。大宫门外的陈设经过几次变化，最终被换成了狮子，这种频频更换，是有其深意的。

雍正帝与乾隆帝时常从大宫门前经过，与大宫门前的陈设自然时常见面。

雍正时期，大宫门外摆放的是一对石麒麟，该麒麟连同基座由两块汉白玉雕拼合而成，麒麟高 174 厘米，须弥座高 98 厘米，正面宽 141 厘米，进深 195 厘米。这对石雕石料坚实、造型生动、刻工细腻、体态逼真，麟甲、口齿、须毛及装饰线条、纹样都很清晰、流畅，是石雕中的上乘之作。

乾隆五年（1740）五月三十日，员外郎佛保奉旨重新设计出将要摆放在大宫门前铜铸饰物的画样，并到铸炉处估测重量，呈报给乾隆帝钦览批改。同年六月初六，佛保将画好的麒麟纸样各一张交高玉等呈览，乾隆帝批准铸造铜麒麟。同

◎清 郎世宁《双狮图》

年六月二十六日，员外郎佛保又将铜麒麟画样交给太监高玉等审阅，并最终呈交给乾隆帝御览批改。同年八月十一日，佛保为铸造铜麒麟拨得蜡样，大约用黄蜡六百斤，转交太监高玉奏明，申请要回，并在户部处领取材料用于铸造。乾隆八年（1743）十二月，副统领永泰将佛保送来的一对新造的铜麒麟安置在大宫门前，被换下的那对石麒麟移至安佑宫门前。与此同时，一同铸造的还有蟠龙、伏凤各一只，它们被安设在方壶胜境前的大桥两旁。

新铸的这对铜麒麟造型雄伟，铸工精良。麒麟身长160厘米，高211厘米，连同石须弥座通高326厘米。这对铜麒麟在大宫门前摆放了二十二年。

麒麟虽然不是神，但具有祥瑞的特征，其所拥有的王者气象正是雍正帝所需要的。

历史上，麒麟的形象一直不断变化。早期的麒麟体形类似鹿、牛、马、虎，蹄类马，尾似牛，头置角；宋元时期的麒麟通身披鳞，尾似狮尾；明清时期，麒麟的头部逐渐变为龙形。麒麟就是儒学家臆想出的仁兽，也是圆明园宫门的守卫者。

经常出入大宫门的乾隆帝时常见到这对铜麒麟，时间久了，乾隆帝逐渐嫌它不够有气魄，于是决定重造一对更具威严的铜狮。乾隆二十八年（1763），又下旨铸造了一对镀金烧古大铜狮，置于大宫门前，原铜麒麟似移至长春园二宫门前。乾隆四十五年（1780）七月初六，尚书和珅奉旨将保存在热河的三口铜钟派人送往京城，命英廉依照之前那对镀金烧古铜狮的大小，照样铸造一对新的铜狮。同年八月十九日，由热河送来的三口铜钟交铸炉处官员核对，按照郎世宁设计的铜狮样式图纸铸造，但是到九月二十日，因存铜不足，没有再铸造狮子，而是另制了仙鹿一对。但乾隆帝并不死心，一直将此事记在心里。乾隆四十七年（1782）十月，太监鄂鲁里传旨，可铸造那对新的铜狮。管理养心殿造办处的舒文照圆明园宫门前现安这对烧古铜狮样式拨得小腊样，并画得准确尺寸纸样贴签，一并交太监鄂鲁里，照样准做。

　　从铜狮外观看，两只狮子均面东呈坐蹲式，头微内侧，张口，胸前束一兽首衔铜铃，两侧各系有铜环火焰宝盖。北侧雄狮右前足下踏一绣球，俗称狮子滚绣球。

　　狮子作为瑞兽与灵物，独具高贵、威武、吉祥的王者风范，被奉为护国镇邦的守护神。这些优秀、忠诚的品质，引起了皇帝的共鸣。

　　经过乾隆帝的"折腾"，铜狮的确比原铜麒麟更为雄伟壮观。这些铜、石饰物的频频更替，体现了乾隆帝当年对大宫门这个门面装点的一片苦心。

样式雷的清廷样式房制作是对实物模型进行的规范化程序，

一直以来由雷家几代人掌案。

模型按照实物大小进行等比例缩小，

用草纸板、秫秸、油蜡、木料等材料制作而成，

其中有一道熨烫工序，

因此将此类模型称为"烫样"，

也称"烫胎合牌样"或"合牌样"。

[第 **3** 站]

圆明园与样式雷

　　样式雷制作的样式房有些像现在售楼处的建筑沙盘，也就是实体的建筑微缩模型，可以对未来呈现的建筑有一个直观的了解。

　　样式雷烫样有两种：一种是单座建筑烫样，一种是群组建筑烫样。

　　烫样所用的纸张多为元书纸、麻呈文纸、高丽纸和东昌

纸。木头则多用质地松软、较易加工的红、白松之类。制作烫样的工具除簇刀、剪子、蜡板等简单工具外，还有特制的小烙铁，以便熨烫成型。黏合剂主要是水胶。

烫样是古建筑特有的产物，是为了给皇帝御览而制造的。通过向皇帝展示这种微缩建筑的方式，使皇帝对园林规划有一个直观的概念。烫样的整体外观、内部构造、装修样式、彩画做法、细部尺寸等内容，依据皇帝做出的修改最终定夺。制作好的烫样具有层叠性和灵活性，各个构件之间互不影响，彼此各自独立。其屋顶、柱子、门窗甚至内部陈设的桌椅、几案、床榻等每一个小部件都可以活动，每一块小板子都能移动，表现得十分明确，也易于在实际的工程中指导施工。

我们今天可以从样式雷家族留下的烫样和各种设计图中了解到当年圆明园建筑的盛况。雷金玉供职的样式房承担绘制画样并制作烫样的工作，这就像是现代的建筑设计图、建筑模型和工程设计说明书。

烫样不同于现代建筑模型，现代建筑模型仅能反映建筑外观，烫样比一些高科技手段建造的模型更直观，因为它不但能展示建筑外观状况，还能展示建筑内部的构造特征。

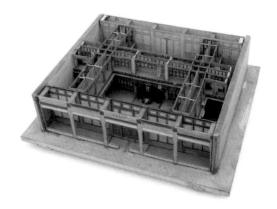

◎圆明园 九州清晏殿烫样

◎圆明园 廓然大公烫样

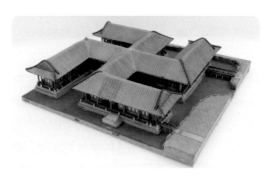

◎圆明园 万方安和烫样

故事中的"发达"就是第一代样式雷——雷发达，他生于明万历四十七年（1619），卒于清康熙三十二年（1693），祖籍江西南康府建昌县（今永修县）。雷发达和弟弟雷发宣在康熙二十二年（1683）以其精湛的建造技术应募到北京，参与了皇宫的修建。故事的主角是雷发达的长子雷金玉，人们把雷金玉的真实业绩讹传为雷发达，不过是从侧面反映民间对第一代"样式雷"（雷发达）的崇敬之情。

雷金玉（1659—1729）是雷氏家族的奠基人，正是由于他的"上梁"成功，才有了后来雷家的发展。在畅春园的建筑施工中，雷金玉给九经三事殿上梁，因其超群的技艺，被康熙帝亲自召见。通过这次召见，雷金玉更获得了康熙帝的赏识，被钦赐内务府钦工处掌班之职，授七品官，食七品俸禄。从此，雷金玉便在宫廷建设中受到重用。营建圆明园时，恰逢雷金玉七十岁生日，雍正帝特命皇子弘历书写"古稀"二字匾赐给他。对于雷氏家族来说，这是莫大的荣耀，雷金玉将匾运回故乡，供奉于祖居大堂。

雍正七年（1729），雷金玉去世。雍正帝特地下旨赐盘费金，通过官家驿站将其归葬，这在当时是极高的待遇。雷金玉去世那年，小夫人张氏生下幼子雷声澂（1729—1792），长大后的雷声澂没有辜负母亲的期望，成为"样式雷"的第三代传人。

第四代样式雷代表人是雷家玺（1764—1825）。这一代雷氏家族可谓阵容强大，他与长兄雷家玮（1758—1845）、三弟雷家瑞（1770—1830）一同供职于样式房。乾隆八旬万寿庆典时，雷家主持了自圆明园到紫禁城沿路包括亭台殿阁、西洋楼房、假山古洞、小桥流水、演剧戏台、万寿经棚、药栏花

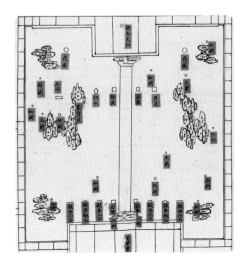

◎嘉庆八年（1803）样式雷所绘保合太和殿南庭院山石、植物平面图

架、玉塔牌楼等一整套的设计与参建工作。

第五代样式雷的领头人雷景修（1803—1866）就没那么幸运了，他有着不逊父祖们的高超技艺，却生不逢时。道光、咸丰时期再也没有财力进行大规模的建设工作，只剩下圆明园中的一些修补和局部改造工程由他承担。

而第六代的样式雷却开启了事业的另一个高峰。雷思起（1826—1876）是雷景修的第三子，生于道光六年（1826），他顺利执掌了内务府样式房掌案头目。

咸丰十年（1860），圆明园被英法联军焚毁。同治十二年（1873），同治帝载淳为了给慈禧太后庆祝四十岁寿辰做准备，决定重修圆明园，由雷思起及其长子雷廷昌承担此项工作。他们与样式房匠人夜以继日，于同年十月十七日将清夏堂图样修改各种尺寸，并制作烫样。同年八月初一，将资料整理后交于样式房雷思起处收存。他们父子在一个月内就完成了大宫门、天地一家春、清夏堂、圆明园殿和奉三无私殿全部的画样和烫样，并于次年（1874）顺利开工。其间，慈禧太后与同治帝先后五次召见雷思起父子，督促其施工。当然，为皇家干活少不了优厚的待遇。同治帝下旨赏雷思起二品顶戴、雷廷昌三品顶戴。然而，由于资金短缺，圆明园重修工程耗资巨大，朝野上下一片反对之声。迫于巨大的压力，同治帝不得不宣布圆明园即行停工。

雷思起长子雷廷昌（1845—1907）是第七代样式雷的代表，他曾随父亲参与众多朝廷工程的维修。光绪三年（1877），雷廷昌因同治帝的惠陵金券合龙，及隆恩殿上梁有功而得以候选大理寺丞，并被赏加员外郎衔。后来，雷思起还出资为祖父母、父母及自己捐了二品封典，样式雷家族的荣耀至此达到巅峰。

此后，慈禧太后与光绪帝又数次来到圆明园，并于光绪二十二年（1896）第二次启动了圆明园的修复工程。这时，雷廷昌将圆明园重建工程交给了不满二十岁的儿子雷献彩，充任圆明园样式房掌案头目。不到两年时间，雷献彩完成了天地一家春、慎修思永、四宜书屋、鸣鹤园、课农轩等重建工程及内檐装修的设计。遗憾的是，仅仅四年过去，八国联军入侵，圆明园修建工程再次被搁置，空余下样式雷所制的数千张画样和烫样。

样式房相当于今天的设计院，其中圆明园的建筑画样和烫样是不同工种的全方位的设计工作。雷氏家族留下的这批图档是圆明园历史变迁和造园细节的珍贵史料，也是研究圆明园面貌的参考依据。它们承载了样式雷家族在圆明园建筑中的精巧构思和辛勤劳动。

圆明园的大宫门与理政区在全园南部。

它包括大宫门、二宫门、正大光明、勤政亲贤等处。

这一带也如同紫禁城宫殿一样，

受到高度的重视，

是圆明园的安全护卫重地。

[第4站]

圆明园的御用侍卫

由于清帝常住圆明园，圆明园的安全守护便成为非常重要的事情。皇帝园居理政时，巡防力度大大加强，稽查严密。雍正帝还是皇子的时候，圆明园内就有六百二十名绿营，一百八十名骑兵和四百四十名步兵来保障安全。

雍正二年（1724），圆明园内驻扎士兵达到一千人，其中包括二百名骑兵和八百名步兵。

◎清《八旗营房图》

雍正三年（1725），圆明园内修建了一个练兵场。为提高士兵守卫圆明园的责任心和积极性，雍正帝每年会给每名守卫圆明园的侍卫发放二十两白银的额外奖励。后来，随着圆明园地位的不断上升，圆明园的八旗护力达到三千二百三十二人，所有侍卫都是从满洲八旗中挑选出来的武艺精湛的侍卫。这支御林军的人数最终固定为三千二百五十六人，其中包括一百三十六名军官和三千一百二十名士兵。

戴翎是内廷侍臣的标志。乾隆三十七年（1772），内务府准奏，赏给营总护军参领等三品虚衔顶戴，赏给副护军参领等四品虚衔顶戴，其赏赐品级是很高的。而黄马褂是侍卫等穿着的"明黄行褂"，是清代官吏制服的一种，主要在骑马时穿着，属于关外遗风。

花翎与黄马褂是御用侍卫的标准装备，也是显示其特殊地位的标志。御用侍卫以"壮军容，别近侍"的特殊政治待遇区别于其他官员。

◎清　乾隆铠甲

凡挑选护卫，皇帝会亲自阅示，以定取舍，挑选侍卫的标准是"清语、骑射"。"清语"是满语，强调保持满洲习俗，经领侍卫内大臣引见后，皇帝会检验应试者的马、步射等技艺，合格者方可补入护卫，这体现了清帝对满洲习俗的重视。

圆明园护卫的主要职责是保卫园中平日的安全，在特殊节日增援保护皇帝身边的安全。而作为清朝常备的侍卫机构侍卫处（曾改称"领侍卫府"），负责统领侍卫、亲军。其管理人员有领侍卫内大臣正一品六人，上三旗中每旗各两人。其职责有挑选侍卫、亲军，训练他们弓马骑射等技艺，考核他们的能力等。领侍卫内大臣均由皇帝直接钦选，通常从内大臣、散秩大臣及满洲都统、大学士、尚书、将军中选授。

雍正三年（1725）四月二十六日，和硕怡亲王允祥在圆明园八旗兵丁射箭校场——山高水长建造箭台三间，共计房屋二十四间，月台八个。

雍正时期，这些侍卫平日在山高水长训练骑马、射箭，皇帝偶尔也会检阅军队操练。每逢农历六月十八日，圆明园中会举行"跑御马"活动。跑御马活动当天，御前侍卫在圆明园的北墙外表演马术，以供清帝观赏。一个侍卫在策骑的同时，会领着另一匹马在旁边。跑马的过程中，这名侍卫会鞭

◎清 弓

◎清 马鞍

策旁边的那匹马，就在旁边那匹马因被鞭策而加速的时候，该名侍卫如果能够从后面骑上那匹正在奔驰中的马，就能得到最高的赏赐；如能成功地从坐骑上跳至另一匹并行的马背上，可获得二等奖；在跳上另一匹马的过程中坠地的侍卫，也能从皇帝那里得到一些赏赐。清朝皇帝大多体格健壮，热爱马术运动。曾经在圆明园理政的雍正、乾隆、嘉庆、道光、咸丰五位皇帝中，只有咸丰帝没有亲自主持过这项活动。

咸丰时期，江河日下的局面已经难以挽回。侍卫的总体风气是"官兵怠玩成习，渐至旧章废弃"。守卫宫门的侍卫和护军常常在值守时连腰刀都忘了佩带，遇到王公大臣或长官经过，才慌忙把腰刀佩上。长期的苟且混事，导致规章废弛、责任松懈，一旦遇到危急的情况，更显得狼狈不堪。

圆明园大宫门位于西苑地铁东侧，

大宫门前为倒丁字形石路，

正南为大影壁。

丁字路向西可通至万寿山，

向东折而东南即是通向西直门的条石辇道。

大影壁南侧挡众木之外，

辇道东西皆为湖，名扇面湖，又称前湖。

圆明园大宫门附近的主要水流由金水河及其东侧小湖组成。

[第 **5** 站]

大宫门的金水河

　　金水河的水源其一为二龙闸河，二龙闸河经马厂向北流，进入圆明园前，分支东流，注入大宫门前的金水河；其二为万泉河，万泉河自北通过暗渠流入东西扇面湖，并由西扇面湖分两支北流，一支进入金水河，一支流至大宫门前，为大宫门前的水渠供水。圆明园中的水源因受到改造，几乎每一条河流、每一座湖泊都有了人工的痕迹。此外，还有一部分

◎清 沈源、唐岱《四十景图》之"正大光明殿前的金水河"

水源需人力补给供水。

　　雍正帝即位后，圆明园大宫门区域的重要性明显提高了。大宫门正门是行政办公区，这里的殿堂庄严肃穆，如正大光明、勤政亲贤等，都是接见外宾和处理政务的地方。

　　金水河主要由河道、泊岸、水闸和桥基四部分组成。河道与泊岸的走向一致，大体为东西方向，与圆明园的围墙平行。河道内的堆积较为简单，上层为黑色淤泥，中层为黄色细泥沙，下层为较大的沙石颗粒和卵石。泊岸的结构大体相同，即由内向外（以临近河道的一侧为内侧）分三部分砌筑。内侧部分用石板砌成，保存完整的结构。现今遗址现场已经发掘出来，一目了然。可以看出，遗址由下而上共有四层，其中下面三层的石板之间用"银锭锁"（或称细腰）加固，最底层石板下以柏木地钉和石块、砖块为基础，而最上面的一层石板（地袱）雕刻较为精细，用来安放栏杆。

　　圆明园建成后，挂甲屯附近逐渐兴旺起来，随着宅园、衙署、商铺等建筑渐起，其地势也逐渐升高。而大宫门与挂甲

◎大宫门水道遗址

◎大宫门前河道模型

屯之间却形成了洼地，导致雨水汇聚，土道泥泞，河道受阻。

雍正十年（1732）四月十七日，查明内外河道、桥梁、水闸已经破损，需要修理。曾经请奏每隔五年需要修理一次，而需要维修的时候已经超过五年。当时，京城内外同样遭到河道堵塞，以及桥梁、水闸坍塌的冲击。于是，各衙门会同工部、苑丞查看应修之处，奏请修理。经查勘，玉泉山的河道、京城内外河、圆明园前后永庆斋等处河道，由海瑚等人挖掘，所挖深度只有五寸至三尺不等，而河道皆被泥土堵塞，只能先由工部处理。

乾隆二十八年（1763），乾隆帝利用以工代赈的办法雇用当地农民，将洼地开凿成湖。如此，既解决了行路难的问题，又改善了环境。湖建成后，立昆仑石碑于西岸，碑上镌刻有乾隆帝御制《前湖诗》："御园之前本无湖，而今疏浚胡称乎。

石衢之右地下湿，逐年遭潦水占诸。衢左亦不大高衍，往来车马愁泥涂。因卑为泽事惟半，取右益左功倍俱……役成春水有所受，路东泞去诚坦途……"诗中叙述了修建扇面湖的始末。湖东半部及御道为乾隆三十五年（1770）添建而成。今达园南部水面就是当年扇面湖的一部分，湖中斜堤即是当年的御道。扇面湖中种植有荷花，清代许多文人路过此地都被这里的精致打动，不禁感怀赋诗。

乾隆三十六年（1771）六月初四，福隆安、英廉、刘浩等人对圆明园宫门东自军机处起，至西南门，再转至宫门前西边的区域进行拓宽清理，改建涵洞、闸座。对宫门西边自翻书房起，由西南门东边转至宫门前河面的区域，进行河道开宽，改建闸门、平桥。对畅春园出水处起由永庆闸至绮春园进水闸区域进行清理开挖。河道交圆明园步军兵丁清挖。

位于昆明湖以东的万泉河水系也逐渐得到整治。乾隆年间疏浚了万泉河源头的二十八口泉眼，开辟了六郎庄以南的小长河和六郎庄以北的马厂河，并通过渠道将昆明湖水引至圆明园。昆明湖水沿马厂北部向东流，复分一支北流经颐和园东宫门前入自得园，其主流东经阅武楼前，又东行百余米分出一支向西北流，至自得园东墙外转而北流，流入圆明园西、北护园河；主流再向东，过水闸，入马厂东北面的河套水面北岸设高水闸，引水北流，其主流入圆明园西南角之进水闸，同时也是连接昆明湖水系和圆明园水系的主要河道。高水闸北流之水过闸后分出一支，径直北流至圆明园南墙外，与墙外护园河接，成为金水河的水源之一。

正大光明殿及大宫门区，

位于今西苑地铁东北侧，

正大光明殿有殿堂七间，

中殿悬有雍正帝手书"正大光明"匾。

匾是古建筑的一部分，

相当于古建筑的眼睛。

而影壁，也称照壁，古称萧墙，

是用于遮挡视线的墙壁。

[第**6**站]

大宫门的匾额与大影壁

　　正大光明殿与大宫门区建于雍正三年（1725）。同年八月二十七日，雍正帝首次出行，中途暂住圆明园。他对此做了这样的表述："朕在圆明园与宫中无异，凡应办之事照常办理。"雍正四年（1726），雍正帝为父母服丧三年毕，于正月十三日正式搬入圆明园。正月二十日，雍正帝在勤政殿照常办理正事，但一整天都无人面圣启奏，这让他颇感失望。为

◎清 沈源、唐岱《四十景图》之"正大光明"

杜绝在圆明园理政的反对意见，雍正帝向六部发布谕旨，表示自己在圆明园舒适愉快的环境中，会像在紫禁城一样勤政，可以把事情处理得更好。他感叹道："倘廷臣不知仰体朕心，将陈奏事件有意减省，是不欲朕驻跸圆明园矣！"雍正帝通过此谕旨，宣告了圆明园正式成为除紫禁城外的又一政治中心，开启了长居圆明园处理朝政的先河。

雍正帝认为圆明园的宜居环境让人心旷神怡，有利于自己更好地处理政务，处理好政务方可保证万民安乐，万民安乐才能使皇帝的心情更加愉悦。园居理政有利于他的生活、工作形成劳逸结合的良性循环，使其达到提高办公效率的目的。

步入大宫门之前，首先映入眼帘的是最南端的一座大影壁。影壁增加了大门的威严，更营造出一种和谐、幽静的环

◎大宫门模型

境。影壁遮挡了外人的视线，保护了园内的隐私；同时，它还可以烘托气氛，增加建筑的气势。

大宫门前为倒丁字形石路。丁字路向西可通至万寿山，向东折而东南即是通向西直门的条石辇道。除大影壁南侧的挡众木之外，辇道东西皆为湖，也即前面说到的扇面湖，亦称前湖。辇道东侧湖面及石道，为乾隆三十五年（1770）添修而成。扇面湖之南为挂甲屯村，再南即是康熙帝御苑畅春园。

绕过照壁，往北经过一个矩形小广场，就来到了圆明园的正门大宫门。

大宫门底座是宽大的月台，宫门上雕刻着精美的花纹，檐下悬挂着雍正帝御书的"圆明园"匾额。屋顶覆光彩夺目的琉璃瓦，屋檐上立着飞禽走兽雕像，门前卧着一对巨大的石麒麟，给人以庄严华丽之感。

所谓深宫大院，进宫须进两重门，走过第二个广场就是二宫门的出入贤良门了，能出入此门者是否都是贤良之辈不得而知，至少这是帝王的期望！门口左右两旁为"贤良"人士安排了"办公室"，值班大臣在这里听候调遣。贤良门往后，就是正大光明殿。一入宫门深似海，从大照壁到正大光明殿大约要走三百多米，经过两道大门，数个院落，才能见识到这座宫殿的庐山真面目。

圆明园中最重要的殿为正大光明殿，是御园正衙，作为主殿，它相当于如今的多功能宴会大厅。它的功能包括：皇帝举行朝会，大型典礼，接见少数民族首领和外宾，过生日、过新年大宴宾客，嫁女儿，殿试，等等。清代宫、苑共有四幅"正大光明"匾，悬挂于紫禁城乾清宫中者为顺治帝御书，景山观德殿中者为康熙帝御书，圆明园正大光明殿中者为雍正帝御书，承德勤政殿中者为乾隆帝御书。正大光明正殿面阔七间，傲立于宽阔的月台上，门窗为红色，与月台形成鲜明的对比。不必担心这么鲜艳的颜色会不耐脏，圆明园里任何一处油漆一旦破损或者脏旧，就会马上修补新漆，保持着建筑物熠熠生辉的亮丽色泽。青松为这里的景象渲染出勃勃生机，从殿旁的檐廊延伸出去，将正殿与周围的建筑物连接起来。

同治十二年（1873），慈禧太后和同治帝试图局部重修圆明园时，大宫门被列为重点修复对象。次年七月因财力枯竭被迫停工时，大宫门及左右门、出入贤良门及东西顺山值房等均补盖、添修成型。光绪二十六年（1900）八国联军入侵北京，慈禧太后偕光绪帝逃往西安，园内残构均彻底毁于兵匪。

圆明园罹劫后，正大光明殿遗址东西处的居民院落共计十九户，2000年已全部拆迁，殿后寿山残存。原大宫门区早已辟为稻田，1998年福海清淤时将此地垫土植树绿化。大宫

◎清《道光平定回疆战图》册之赐宴凯旋战士

门前大影壁原址，位于今北京市民政局果园内。现今正在进
行考古遗址挖掘。

八月初七日凱宴
成功諸將士于正
大光明殿即席喜
成
策勳飲玉卮甫章
凱宴秋中御苑張
看彼渠魁極刑伏
嘉予大帥國威揚
免宜懋賞山河鞏
特紀新詩事業彰
遐域尖全諸將力
用襄忠勇永流芳
　　己丑新正
　　御筆

47

雍正三年（1725），雍正帝开始在圆明园南墙外增建处理朝政和举行典礼的宫殿衙署。圆明园成为继畅春园和承德避暑山庄之后第三座兼具"园苑"和"宫廷"双重功能的离宫型皇家园林。根据《日下旧闻考》的记载可知，乾隆帝命名的"四十景"中有"二十八景"雍正帝曾经题署过，也就是说，雍正时期的圆明园已经具备了二十八处重要的建筑群。

　　对圆明园的营缮，乾隆帝始终不遗余力。他首先在圆明园旧有的范围内调整园林，同时也增建了若干建筑以丰富园景。其中较为重要的有十二处，即：曲院风荷、坐石临流、北远山村、映水兰香、水木明瑟、鸿慈永祜、月地云居、山高水长、澡身浴德、别有洞天、涵虚朗鉴、方壶胜境。它们连同雍正时期的"二十八景"一道，终成"圆明园四十景"。乾隆帝还命如意馆画家沈源和唐岱共同绘制了圆明园《四十景图》。

藻园位于圆明园西南角，

今西苑地铁的正北方，山高水长的西南。

藻园西墙即圆明园西墙，

原为内外两道。

外墙为大城砖筑砌，俗称西大墙或饽饽门大墙，

内墙为虎皮石墙。

乾隆中期，将藻园分东、西两部分逐一营建。

乾隆十七年至二十三年（1752—1758），

藻园东部基本建成。

发现·圆明园

[第 **7** 站]

藻园

乾隆二十六年（1761），乾隆帝御制《藻园五咏》。当时，圆明园西部尚未修建，所咏之石、泉、松、莲、鹤均为藻园方池周围之景物。其中《石》称："莫谓一拳小，请看九仞高。飞来舞鸾凤，卷去拥波涛"。《泉》称："墙外引高水，流为石下泉"，"回回萦碧涧，琴语听成连"。《松》称："卅年才入画，九夏正当楹。蔽日衣衫爽，疏风几席清"。《莲》称：

◎圆明园 藻园秋色遗址

"谷雨分秧藕，三庚吐蕊莲"，"何须涉江采，俯槛便芳搴"。《鹤》称："胎仙抱卵成，埭畔引教行"，"身无入俗韵，喉有唳霜声"。圆明园的藻园借景江南钱增天藻园的样式营建，钱增天的藻园由张涟建造。张涟以画家的眼光观察园林，尝试用山水画法堆山叠石，久之渐得其法。其园林山环水带，亭台错落，巧夺天工。

藻园正殿为临众芳，在垂花门内南向，前殿面阔五间，前后有廊，外檐挂"临众芳"匾。此殿在《日下旧闻考》中记载：有五楹大殿原额为"旷然堂"，堂后为贮清书屋，而"临众芳"匾则悬挂于福海东岸。不知何时"临众芳""旷然堂"二匾额东西互易。乾隆三十一年（1766），御制《旷然堂》诗句中记载："林木翳然处，视听却旷然。盖无系于物，率可得乎天。不爱花锦绣，宁须禽管弦？芸编足讨绎，久矣共同旋。"乾隆五十八年（1793）又云："溪堂枕碧漪，明照映檐楣"。并注曰：旷然即廓然大公也。在第二次题咏时，该匾额当已悬挂在福海东岸了。

乾隆十八年（1753）正月起，乾隆帝陆续又作有《湛清

◎圆明园 藻园屏门石额"翠照"拓片

◎圆明园 藻园屏门石额"绮交"拓片

华轩》《镜澜榭》《夕佳书屋》《湛碧轩》《怀新馆》等御制诗。

乾隆三十年（1765）又添建"藻园新宫"西所，九月御题"贮清书屋""自远轩""溜琴亭"匾，于第二年正月挂上。贮清书屋与自远轩的东侧是一座船坞。昔日皇太后自畅春园经水路来圆明园时，乘船到藻园东侧之进水闸处，再换乘本坞的画舫，可游至汇芳书院、多稼如云。藻园进水闸处的两岸原为土泊岸，乾隆五十六年（1791）改为青山石泊岸二道。藻园门的园门南向，门楼外檐挂匾"藻园"。此门骑南墙而建，门外是御用马厂，出门向西，有御道直通至万寿山清漪园（后改建为颐和园）。帝后若由陆路去万寿山、玉泉山、香山游赏，多从此门出入，亦可从东侧的西南门出入。

乾隆三十年（1765）九月，藻园新宫前殿之明间罩上，著配做双灯草线锦边壁对一副。乾隆年间，藻园设风琴时钟一件，重 40 公斤。年节悬挂廊灯八对（五福骈臻灯、紫檀字画灯各四对）。

嘉庆帝曾为藻园题咏五次，其中有诗云："园门傍溪湄，缘径多奇石。嵯岈列屏山，境仿三吴迹。藤萝绕架繁，经春叠阴碧。近得微雨滋，益觉含润泽。非欣景物清，所喜洽阡陌。祝愿屡丰年，早兆仓箱积。几余偶遨游，再沛心方适。"

藻园的环境非常适宜垂钓。面对粼粼清波和两岸随风飘荡的垂柳，呼吸着清新的空气，沐浴着阳光，一根渔竿在手，小山深处抛出鱼饵，想必惬意非常。然而，无论在今天还是当年，这样的惬意都是不被允许的。道光十九年（1839）八月二十六日，总管太监庞得喜称，在高水河看见按摩处太监徐三登，掌仪司太监高双禄、金永顺、任长喜以及营造司太监崔成五人在此一道钓鱼，最终涉事人员均受到了处分。

圆明园罹劫后，藻园沦为一片荒丘，其遗址东北唯存屏门石楣一件，两面镌刻乾隆帝御题"翠照""绮交"匾。藻园门门楼在 1860 年遭劫后仍幸存，慈禧太后、光绪帝从颐和园来圆明园视察时多由此门出入。1900 年，藻园彻底毁于八国联军。1994 年，考古人员对藻园遗址区进行了全面发掘，清挖了渣土堆积层。藻园进水闸以东之虎皮石墙已于 1996 年在原址修复。

慈云普护位于圆明园南部，
九州清晏的对面，后湖北岸。
其位置环山绕水，
是一座寺庙园林。

[第**8**站]

慈云普护的自鸣钟

慈云普护建于康熙后期，初称涧阁。慈云普护地处中轴线正北，自鸣钟楼在中轴线上，楼高三丈。康熙五十八年（1719），在雍正帝的《园景十二咏》中有涧阁诗目。雍正初年，圆明园扩建并升为御园，正南为宫门，取"向明出治"之意。

《活计档》记载：雍正九年（1731），雍正帝为慈云普护

◎清 沈源、唐岱《四十景图》之"慈云普护·自鸣钟"

御题"欢喜佛场"匾文，乾隆五年（1740）始将这幅存匾悬挂于该殿。据《日下旧闻考》中记载："慈云普护""如祈应祷""昭明宇宙"三匾同为雍正帝御题。

慈云普护是帝后园居时常前来拈香拜佛的寺庙。据乾隆二十一年（1756）《穿戴档》记载，正月初八至十一月十七日的每个初一、十五的清晨，乾隆帝先后十三次从九州清晏后码头乘船至慈云普护拜佛。慈云普护有首领太监充当僧人在上殿念经。道光十九年（1839），这里与园内其他庙宇一起被裁撤，命此处的首领太监等人留发当差，年老不愿留发的听其在原处当差，可以不必上殿念佛。

乾隆九年（1744）御制《调寄菩萨蛮·慈云普护》词序称："一径界重湖间，藤花垂架，鼠姑（按即牡丹）当风。有楼三层，刻漏钟表在焉。殿供观音大士，其旁为道士庐，宛

◎清 自鸣钟

然天台、石桥幽致，渡桥即为上下天光。"

　　自鸣钟楼位于慈云普护楼的西北角，为三层六角楼阁，没有匾额，因中层楼上向南，镶嵌有一架西洋式大自鸣钟而得名。楼顶之铜凤试风旗为雍正三年（1725）六月安装。这座大自鸣钟，又称"时时如意大自鸣钟"，或"时时如意时刻钟"。雍正十年（1732）为该自鸣钟领取轮子和自鸣钟法条（发条）用"厄里歪"（油）八两。乾隆二十四年（1759）将该钟的鱼子金漆大表盘拆下照旧收拾见新。

　　慈云普护隔湖南望即是清帝寝宫九州清晏殿。道光时期，九州清晏殿的居室挂"万象涵春"额。在此，道光帝曾多次作题咏，其中有"风静湖光好，迎凉坐北窗"，"寂然群动息，隔水晚钟撞"的句子。其所咏的钟声，即是大自鸣钟报时之声。

自鸣钟是机械时钟，因能自动报时，故名自鸣钟。自鸣钟也是雍正帝的生活必需品，体现了其"勤政"之意。清代宫廷诸机构中，自鸣钟处的数量在乾隆时期不断增多。不少人认为自鸣钟处即做钟处。而在档案中记载的自鸣钟处和做钟处是两个完全不同的机构。

做钟处的职能是按照皇帝的要求制造、修理钟表，根据任务繁难程度建立限期和赏罚制度。所需物料都由查核房核定，并持印有"造办处"字样的票据向工部、户部及内务府六库领取。每一件制造完成的钟上都要署名，以备查核。乾隆四十三年（1778）七月，做钟处遵旨按照挂钟样式尺寸需另做一座钟架，这件工作由如意馆的西洋人汪达洪承担。日常维护如此多的钟表是一件非常繁重的工作，更何况每逢冬至、元旦、万寿前夕，都要将所有钟表集中修理并重新陈设起来，非常辛苦。

《钦定大清会典·卷八十一》中记录了西方计时系统与中国传统计时系统的对应："凡候时，皆准以昼夜。周日十二时，时八刻。刻十五分。分六十秒。"最迟从光绪时期开始，北京就同时使用了两套计时系统：本土的时辰、刻和西方的分、秒、时。其实，自鸣钟进入清朝初期，它最受关注的地方主要集中在其精美的外观、好听的鸣声和复杂的附带活动部件。

圆明园罹劫后，慈云普护遭到重创，后彻底毁于八国联军入侵，自鸣钟也不知去向。如今，仅有遗址可寻。

多稼如云位于圆明园北部，

汇芳书院东部，

南面临北墙处是一大片稻田。

这里有几间精巧的村舍，

错落有致。

河水隔着堤岸将湖水环抱入怀，

河堤上种植的桃花和湖水中盛开的莲花

为青碧的山村抹上了嫣红的一笔。

[第 **9** 站]

多稼如云

据《活计档》记载：乾隆三年（1738）七月，乾隆帝御笔"多稼如云"铜字匾一面，将"观稼轩"匾换下。由此可知，多稼如云轩原称观稼轩，而观稼轩是雍正帝命名的。这样，我们就能够将多稼轩定为雍正年间建造。

多稼如云的正殿面阔五间，前后有廊，外檐悬乾隆帝御书"多稼如云"铜字匾。

◎清 焦秉贞《耕织图》册

多稼如云是皇太后、皇帝赏荷、观稼、进膳、休憩之处，这里收存了乾隆年间《重刻淳化阁帖》《西洋楼铜版图》各一套。在前廊，每到佳时令节，高挂五福骈臻灯两对。殿北为后溪河，设游船码头一座。据《圆明园内等处各座殿宇内外匾额》记载，多稼如云殿内的"颐和书屋"匾，应为嘉庆帝登极之初被太上皇乾隆帝赐居在此的新增匾额。颐和书

◎清 焦秉贞《耕织图》轴　　　　◎清 陈枚《耕织图》轴

屋原为避暑山庄的书斋名称，匾额为某皇子于乾隆四十六年（1781）题写，嘉庆元年（1796）将其移至多稼如云殿内。嘉庆帝御制《颐和书屋》诗云："承恩赐新居，题室仍旧额。"这里，嘉庆帝先后题咏过十七次。

多稼如云正中的一道围墙将其分为南、北两个部分，主建筑多稼如云在围墙以南，有游廊连接两个院落。在圆明园北墙内，前有荷池，正宇后有溪河，隔水与稻稼相望。

乾隆四年（1739）九月，乾隆帝御笔"湛渌""天宇空明"二匾，悬挂于芰荷香新盖的五间房上。次年，"天宇空明"匾即移挂他处。乾隆四十年（1775）曾在此处做修理，并于东边添盖点景房间。乾隆帝非常喜欢在盛夏时节来圆明园避暑。

芰荷香有前殿三间，四周围廊，外檐挂乾隆帝御笔"芰荷香"匾额。芰荷香的匾额原在莲花馆（长春仙馆），雍正十年至乾隆三年（1732—1738），画院处曾设"芰荷香绘画处"，该匾额在乾隆三年（1738）九月以后移至本处。而"芰荷香"为彩漆匾，挂在外檐帘架上，乾隆三十八年（1773）二月将漆匾摘下抹样，交懋勤殿写，用旧胎骨另漆见新。芰荷香殿内北隔间扇风窗上原悬一面"香远益清"匾，同年移挂园内花神庙。

透过多稼如云殿的雕花窗远望，可将北区风光揽入眼底。这座四方形的院落临近北面湖水处，其水榭代替了码头的功能，走水路来可在此登陆。多稼如云以田园水乡风光为主，既然是模拟水乡，河流是不可或缺的，一条由西向东穿过的河流便如玉带般蜿蜒于"水乡"之中。

乾隆时期，芰荷香是帝后盛夏赏荷的最佳处所。乾隆帝多次侍奉皇太后至此进膳、观荷。乾隆十七年（1752）六月四日，乾隆帝侍奉其母来此观荷时，即兴赋诗并书于纸扇献给

◎清 郎世宁《瑞谷图》

皇太后。此后，又率诸王、大学士、翰苑诸臣前来赏荷，并题《观莲诗》。

　　乾隆二十一年（1756）六月二十四日，乾隆帝侍奉皇太后到芰荷香进膳、观荷，二十六日又率领诸皇子来此观赏。乾隆二十五年（1760）六月，乾隆帝除侍奉其母赏荷外，还与近支宗藩及御前大臣、侍卫等一道来此观荷。乾隆三十五年（1770），乾隆帝恭奉皇太后来此赏荷时，谐称此景为"芰荷香"，谓其为"御园中每岁恭奉圣母赏荷处"。

　　芰荷香前水泡西边的荷花曾因长势不好，于乾隆四十三年（1778）深挖河底沙土，另换河泥，并从绮春园和熙春园挖藕秧 700 公斤栽种于此。嘉庆时期此地莲花颇盛，嘉庆十二年

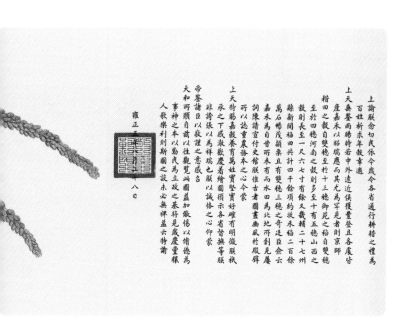

（1807），嘉庆帝在《芰荷香》中用"十亩池塘万柄莲"的诗句描绘了这里的美景。

　　每年六月，荷花开始在圆明园绽放，也成为这个时节圆明园中最常见的植物。园内碧波荡漾，荷叶田田。当时芰荷香前边有大片荷池，并建有莲花亭，是观赏荷花的最佳处，后期已成稻田。

　　圆明园罹劫后，此处的古建基址已难见踪迹。

圆明园的大宫门内，

西南设有茶膳房，

再西为翻书房，

东南为清茶房，

其旁设南书房值房四间，

这里有两名七品官员在此负责管理皇帝的茶叶、

茶壶等物品。

[第 **10** 站]

御茶膳房

雍正帝崇尚节俭、勤政，对奢华饮食并不上心，但他酷爱收藏各种茶具，他认为玉泉山的水质最好，常用玉泉山的泉水泡茶喝。与之相比，乾隆帝则对吃非常讲究。乾隆年间，御茶膳房建制进一步扩大。

顺治初年，分别有茶房和膳房两处机构。而在乾隆十三年（1748），茶房、膳房合并称为御茶膳房，由圆明园总领事务大

◎清 冷枚《十宫词图》册

臣管理。乾隆三十六年（1771），在御茶膳房下设档案房，管理御茶膳房的题奏与文书档案，其中的文书档案记有皇帝的膳底档等，这是管理食物出处、确保食品安全的重要记录。

皇帝在进膳时，多吃了什么，少吃了什么，没吃什么，皆是御茶膳房要确切掌握和了解的。

御茶膳房的人也是费尽心思，每天都要向皇帝身边的宦官讨教，好知晓皇帝在进膳时对食物的评价。负责膳事的机构

◎清 青花百寿小碗（圆明园出土）

◎清 青花寿字碗（圆明园出土）

是内务府，御茶膳房归内务府指挥，但实际上指挥御茶膳房的却不是内务府，而是皇帝身边的宦官。

宫廷中的御茶膳房是内务府下设的管理皇帝、后妃及其他成员饮食和典礼筵宴等事宜的机构。御茶膳房下设茶房、清茶房和膳房。内务府是掌管清代皇室宫廷事务的机构，承办皇室的衣、食、住、行诸务，处理一些与六部有关的事务。御膳是指皇帝的食事，它包括"平居膳事"与庆娱时的"非常膳事"两大部分。其中平居膳事包括早、晚两膳和早膳前的一次小食、晚膳后的一次便宴；非常膳事则是指元日、冬至、千秋、大婚宴等诸类"大宴"。

宫廷御膳的风味特色主要是由三种各具风味的地方菜系发展而成的。第一种是满族菜，第二种是山东菜，第三种是苏杭菜。宫廷御膳在菜肴形式与内容、选料与加工、造型与拼配、口味与营养、盛器与取名等方面都有严格的要求。

清代皇帝每日两次正餐，早膳在辰时（7—9点），晚膳在未时（1—3点），外加两次点心或酒膳。皇帝吃的饭食叫"御膳"，吃饭称传膳或进膳。皇帝吃饭无固定地点，大多在寝宫或办事地点传膳。

乾隆四十八年（1783）正月的《膳底档》是这样记载的：

正月十二日早膳后，到山高水长大蒙古包内，进饽饽桌，赏胡土克图堪布喇嘛、扎萨克喇嘛、达喇嘛、额尔沁喇嘛、京内王公大人等蒙古王公、额驸、台吉、额斯尹、霍罕来使、年班回子、杜尔伯特、朝鲜国来使人等。饽饽桌食系外头伺候。记此。

未初三刻，同乐园进晚膳。用填漆花膳桌，摆燕窝口蘑火熏白鸭子热锅一品，大炒肉、炒白菜热锅一品，酒炖鸭子

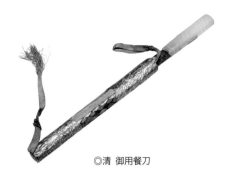

◎清 御用餐刀

热锅一品，口蘑火熏肥鸡一品，燕窝冬笋锅烧鸭子一品，后送炸八件小鸡一品，口蘑冬笋炒肉一品，蒸肥鸡鹿尾拼盘一品，烧狗肉拼盘一品，象眼小馒首一品，白面丝糕、糜子米面糕一品，猪肉馅侉包子一品，鸭子馅散旦饺子一品，银葵花盒小菜一品，银碟小菜四品，咸肉一碟，野鸡瓜一品，随送粳米干膳，进一品燕窝冬笋锅烧鸭子汤，次送羊肉丝一品，羊肉片一品，共一桌。上进毕赏用。

晚晌，铺内伺候燕窝八仙汤一品，熏鸭子一品，燕窝冬笋锅烧鸡一品，鸭腰溜脊髓一品，炒拼丝一品，炸排骨一品。上进毕赏用。记此。

乾隆四十八年（1783）正月十二日晚膳后，总管萧云鹏口奏："十三日开连台戏，每日伺候上用果桌，妃嫔等位、公主、阿哥、福晋等位果盒，赏听戏王子、蒙古王、郭什哈昂邦、郭什哈额驸、辖等果盒。早晚膳赏额食。"

传膳时，御茶膳房太监各负其责：太监将三张方膳桌拼在一起，铺上带有金线的桌布，其他太监手捧红色漆盒鱼贯而入，将各种菜肴及羹汤等迅速端上桌。待皇帝落座后，侍膳太监先查看每道菜、汤中的试毒牌是否变色，再尝一尝；发现没问题，皇帝才拿起筷子进膳。皇帝用膳大多一个人单独进行，没有特别旨意任何人不能与皇帝同桌进膳。乾隆帝经常侍奉皇太后在圆明园内用膳，体现了对母后的孝道与尊重。

满族的传统食俗也与清宫御膳有着密切关系。猪肉是御膳中经常出现的品种。在满族祭祀中，多以猪为牺牲，称猪肉为"福肉""神肉"。皇帝御膳中，以猪肉制成的看馔占有一定的比重，其中必有盘肉，这也与清宫祭神食肉的习俗有关。

御膳的设摆有着固定的模式，膳桌要摆四十八品膳品，即热锅、攒盘（拼盘）、热炒、小菜、饽饽、羹汤（粥）等，也有自己喜食的应季食品，目的是为了体现不忘祖宗创业艰难时的满族传统菜式。

《国朝宫史·官制》载，御茶房的内侍是"专司上用茗饮、果品及各处贡奉、节令宴席、随侍、坐更等事"。雍正元年（1723），朝廷特设管理事务大臣和茶膳房总领等官来负责宫中茶膳事宜。

御茶膳房承办宴会的酒席、茶饭等物，同时还负责帝后及入宫当差执事的大臣、侍卫人等的每日膳食，所以御茶膳房在用人方面也非常严格。

1860年圆明园罹劫时，此景几乎全部被焚，仅存御茶膳房等，当时司房库尚设值宿坐更。1900年，这里的一切皆毁于八国联军。2001年底此地进行了全面绿化。

慎德堂位于圆明园南部
正大光明正北的大岛上，
九州清晏的西部。

[第 **11** 站]

慎德堂与道光帝

　　九州清晏是清帝御园的帝后寝宫区，四围环水，用桥梁与游船连接小岛。除近侍太监宫女外，官员、园户等皆不得进入该岛。

　　慎德堂有五间三券大寝宫，外檐挂"慎德堂"匾额，堂北外檐额为"云水空明"。慎德堂在道光十一年（1831）由乐安和、怡情书史及北侧鱼池改建而成。同年五月，道光帝就居

住在此殿，并侍奉皇太后在此进膳。

由清代样式房的多幅慎德堂内檐装修图及说明可知，慎德堂后券明间靠北设宝座床，床北为嵌扇，上悬"天光云影"匾。两外侧为东西寝宫。中券、后券西梢间为西寝宫，寝宫中部南为"寄旷怀"，北为"悬圃蓬壶"，上边设仙楼，有螺丝楼梯可登，楼上东边有床。悬圃蓬壶北间仙楼下设高矮床。后券东次间南室为佛堂，匾为"瑞应优昙"。佛堂供奉天地、殿神、关圣、护身佛和雅穆达喀佛像，前后三券东梢间为东寝宫，上层亦有仙楼。

据清升平署《恩赏日记档》等记载：慎德堂及其后院亦是道光、咸丰二帝平日传演花唱、帽儿排小戏，以及欣赏吹打乐、戏法、什不闲之处。

咸丰八年（1858），咸丰帝命人在慎德堂院东西两侧添盖游廊。

慎德堂前院树木花卉、园林小品配置颇为讲究。此院东西

◎清 《道光帝朝服像》（局部）

回廊之间的院子中有条横向甬路，路北为条状花坛，栽植杏树、牡丹；甬路南边散植柏树，并配置山石盆景、石桌、石凳；慎德堂南边山石高峰下散植杏树、丁香和马尾松；慎德堂北侧西部植槐树两株。奉三无私殿西二楹旧无匾额，道光帝即位后移其为皇子时所居之园的匾额"养正书屋"于此室。道光中叶，道光帝将原先被拆除的书屋前的牡丹移植了七株于慎德堂前，其中一株为墨牡丹。

慎德堂对面的"高台山石"上原有一座四方"玉照亭"。道光十一年（1831），在建造慎德堂时，将该山石上改建成三个倒座式（坐南朝北）园林建筑，并以后廊相连，居东者"昭吟镜"，似为一座小亭；居中者"得心虚妙"体量稍大，

◎圆明园 慎德堂烫样

◎圆明园 慎德堂烫样

为面阔三间的敞厅；居西者额曰"峭碧"，也面阔三间。三座亭宇东西有叠落游廊通至慎德堂。这些布局结构见于样式雷烫样（模型）。

慎德堂的命名与道光帝的崇俭息息相关。

道光帝在登上皇位后厉行节俭之风，并用慎德堂的名号来推广其节俭之用意。他的节俭历史上非常少见。道光帝在《慎德堂记》中写道："崇俭去奢，慎修思永。"他希望借这座寝宫的名称时常警示自己与他人，要以节俭为德。道光帝一生都恪守"勤俭"，始终不渝。

慎德堂改建成功后，这里就成为道光帝在圆明园居住的寝宫，并渐渐成为其主要的生活场所。当时他下发的政令均出自此处。

说起道光帝对慎德堂的重视，要从他的日用瓷器说起。这些瓷器的款识，大

◎清 青花粉彩盖碗盖
（圆明园出土）

73

部分为"慎德堂制"的四字楷书款，而题有"慎德堂"三字款的却非常之少。慎德堂瓷落款中的"慎德堂"应为道光帝御笔。

道光帝定制的日常瓷器从器型、纹饰、题材上看，都受到了当时传统文化的影响。《饮流斋说瓷》中记载："亲贵中雅制之品以'慎德''绍闻''觯竹'为最有名，'慎德'瓶类近极罕见，有之则价值甚昂。"而道光帝御用器中的"慎德堂制"瓷器款识均为楷款，以侧锋红彩书写，笔触有力如刀尖斜刻，字体清秀。

在慎德堂落成不久，以孝道著称的道光帝便邀请其母后来此参观、进膳，与自己共享天伦之乐。官窑日常瓷器用品由此也有所增加。"上奉皇太后幸慎德堂"，这句出自道光十一

◎清《道光帝喜溢秋庭图》轴

74

◎清《道光帝行乐图》轴

年（1831）五月十九日《慎德堂对雨喜成》（宣宗御制诗余集卷九）御制诗，另《道光实录》中记，"十一年六月初二日、十一日帝奉皇太后幸慎德堂进膳"。其中有关"进膳"二字的记载反复出现，直至皇太后去世，前后多达二十八次。

道光帝对家庭的深爱，可以从《道光帝喜溢秋庭图》和《道光帝行乐图》中感受到。画中的皇室犹如平常人家，体味着亲情。画作中表现出自然质朴的情趣，描绘了道光帝在慎德堂的生活场景。

从《道光帝喜溢秋庭图》中可见，与六公主一样外罩坎肩的三公主手中托着茶盘，正给父亲、母亲上茶。茶盘中的瓷器非常精美，茶碗上盖为金色，与下面的金色小碟相互呼应，碗身绘青花纹饰，精巧雅致。由此可见，慎德堂是一个道光帝维护亲情、力行孝道的地方。

从《道光帝喜溢秋庭图》与《道光帝行乐图》两幅画作还可看到慎德堂堂内建筑素雅简约，并无雕梁画栋的奢华。然而，慎德堂前院的树木花卉、园林小品配置却颇为讲究，这也是道光帝精神生活的寄托所在。

道光帝是清朝历史上唯一以嫡长子身份继位的皇帝，道光三十年（1850），道光帝驾崩于他心爱的慎德堂。这里，留下了他的许多寄托与惦念。

雍正四年（1726）六月，

雍正帝御书"序天伦之乐事"匾文，

次年二月做得"牡丹台"木匾并挂起。

《日下旧闻考》记载：

牡丹台在"乾隆九年易今名"，

改为"镂月开云"。

牡丹台以牡丹而得名，

位十九州清晏东，

其为四面环水的小岛，前殿面阔三间。

发现·圆明园

[第 **12** 站]

牡丹台的见证

　　镂月开云殿南临曲溪，殿前牡丹颇盛。雍正七年（1729）冬，内务府官员将梁州所进贡的牡丹花种和培育牡丹的方子交给圆明园总管太监，命应季栽种。

　　康熙五十八年（1719），雍正帝首题《园景十二咏》，其中就描述了牡丹台。有人说，雍正帝得以继承大统是托了儿子弘历的福，此说法并非空穴来风。那次，康、雍、乾三代天

◎圆明园 牡丹台遗址

子相聚的地点就在圆明园的镂月开云之牡丹台。

雍正帝的继位，在历史上有种种说法。其中一说即是康熙帝见到自己的孙子弘历（后来的乾隆帝）聪慧可爱，决定予以培养，由此也加深了对弘历父亲——雍正帝的好感。

这要从象征着富贵吉祥、繁荣兴旺的牡丹讲起。康熙帝曾五次到皇四子胤禛（后来的雍正帝）的花园（圆明园）游赏进宴，其中第二次到牡丹台时，正逢康熙五十八年（1719）牡丹盛开的季节。此时，园中正是一派诗情画意。牡丹台以不加装饰的木料建造，此处种植大片牡丹，周围栽种茂密劲挺的松树和其他各色花木。康熙帝非常喜欢牡丹，因此对这里也情有独钟，他把牡丹看作是"太平盛世"的象征。

当年，康熙帝住在畅春园，园中尤以玉兰、芍药和葡萄为盛，而圆明园的牡丹则别具特色。康熙帝最后一次驾临牡丹

◎清《康熙帝半身像》

◎清《雍正帝朝服像》轴（局部）

◎清 郎世宁
《乾隆帝肖像》

台时，便上演了三代天子共聚一堂的罕见盛景。

　　康熙帝有五十多个孙子，但能认清楚的为数不多。时年十二岁的皇孙弘历有幸见到祖父，得益于父亲雍亲王胤禛的精心安排。当雍亲王将弘历引荐给六十八岁的父亲时，康熙帝眼前一亮；当得知皇孙喜爱读书时，他更加欣喜。在花繁叶茂的牡丹丛与徐徐吹来的暖风中，祖孙三代畅享着天伦之乐。

　　康熙帝晚年处于对诸皇子争夺帝位的防范和不安之中，见到弘历，他的精神为之一振。高兴之余，康熙帝降旨将牡丹台赐予弘历，表达了他对这个孙子钟爱有加。他认为弘历天资甚高，是可塑之材，随后将其带入宫中教养。此后，弘历跟随康熙帝到木兰围场狩猎，在避暑山庄居住和读书。然而，在弘历初识祖父不久，也就是那年的冬天，康熙帝在畅春园去世。

◎清 沈源、唐岱《四十景图》之"镂月开云"

　　弘历的父亲胤禛继承帝位后引起朝野猜疑，有人说是雍正帝毒死父亲才登上了皇位，也有人说康熙帝是因为喜欢弘历才将帝位传给弘历的父亲胤禛。十三年后，弘历即位，是为乾隆帝。他追思祖父钟爱之恩，于乾隆九年（1744）满怀深情地写道："犹忆垂髫日，承恩此最初。"后来，他又写了《纪恩堂记》刊于堂中，以纪念祖父对自己的养育眷顾之恩。

　　据咸丰末年《圆明园匾额略节》记载，"纪恩堂"匾当挂于镂月开云殿内。而《日下旧闻考》称，镂月开云即纪恩堂，北为御兰芬。乾隆帝将镂月开云命名为"纪恩堂"，并亲自题了匾。

　　御兰芬在镂月开云殿之北，为五间抱厦大殿，内额为乾

◎清 郎世宁《牡丹》

隆帝御书"御兰芬"匾。御兰芬的称谓在乾隆三年（1738）即见之于《活计档》，乾隆三十一年（1766）始见诸御制诗。乾隆九年（1744）时殿为五间接三间前抱厦，乾隆三十一年（1766）改为五间前抱厦。

永春亭是西山口外临湖的重檐六方亭，外檐悬挂雍正帝御书"永春亭"匾。雍正七年（1729）即有御制诗。乾隆三年（1738）正月，始将该匾移至御兰芬山口外六方亭上悬挂。该亭于乾隆五十年（1785）修缮，乾隆五十四年（1789）安挂御笔粉油蓝字匾式横批一面，翌年见"永春亭"御制诗，其诗注曰："是亭居后湖东岸面向东，亭匾额乃皇考御书也。"永春亭原为六方亭，后期似已改为八方亭。各个殿堂之间通过走廊形成一个四合院，高低错落，有主有次，建筑空间既有变化又十分协调。

牡丹台院内有数百种名贵的牡丹品种，其中不乏一人多高的遒劲老枝。乾隆帝还在宫殿后列植了青青古松，环以精心搜集来的牡丹。乾隆帝在题诗中写道："殿春饶富贵，陆地有芙渠。"短短数语，描述了牡丹的美丽。

◎清《十二月令图》轴之"四月"

汇芳书院位于圆明园西北部，

在鸿慈永祜东部。

汇芳书院北临圆明园内园墙，

东、西、南都有湖，

此为书院式园林。

[第**13**站]

汇芳书院

汇芳书院分为两个部分，西部是汇芳书院，东部是仿杭州西湖的"断桥残雪"。汇芳书院在雍正年间就已初具规模，于乾隆七年（1742）建成，此处悬挂有乾隆帝御笔"汇芳书院""问津""眉月轩""挹秀亭"等九面匾额。

乾隆九年（1744），乾隆帝在御制《汇芳书院》中写道："书院新开号汇芳。"他希望能将天下众芳群贤都汇集于此书

◎圆明园 汇芳书院遗址

院，与之探讨治国安邦的道理。这也是乾隆帝在《汇芳书院》一诗中要表达的真实意图。

"书院"始于唐代，由皇室设立，专门掌管校刊经籍、征集遗书、辩明国家典章等事宜。宋代的书院已成为讲学的场所。明清时期的书院多为准备科举考试之处，清末废除科举制后，多数改为学校。

汇芳书院面阔五间，卷棚悬山式，外楣挂"汇芳书院"匾。汇芳书院景区由三个湖和两个岛屿组成，位于中央的岛上汇聚了汇芳书院、翠碧楼等建筑，其中最有特色的是东边临水的眉月轩。眉月轩的东院为面阔九间的月牙形平台，外檐挂"眉月轩"匾，该殿为东西向，外侧临池。乾隆四十二年（1777）将该殿的前檐柱拆换，拆安前廊大木，挑换坐凳

◎清 沈源、唐岱《四十景图》之"汇芳书院"

栏杆，拆墁方砖地面，平台上拆安巡杖栏杆，拆墁台面方砖。乾隆帝《眉月轩》诗中有云："临水疏轩曲若眉，人犹未当月犹之。"设计者将它打造得如同它的名字一样秀美，月牙形的平台横在水边。置身于眉月轩，可以欣赏到湖对岸的东山风光。

汇芳书院东部有一座高台房名为"问津"，问津位于汇芳书院东南隅，南向高台敞厅三间，外檐悬雍正帝御书"问津"匾。此匾于雍正十三年（1735）原挂于后湖一带之"六所山口外"，似于乾隆初年移至此处。《日下旧闻考》称此处为"问津敞宇"，亦称"石室"。问津之东有座跨溪小桥，桥东竖石牌坊，坊楣额为"断桥残雪"，略仿杭州西湖同名景。坊阴刻《断桥残雪》御制诗："在昔桥头密雪铺，举头见额忆西湖。春巡几度曾来往，乃识西湖此不殊。"

断桥残雪是在湖水南边的山涧之间架起的高桥，不同形状的青碎石堆叠成的桥身高高拱起。雪天的断桥更为梦幻，在阳光的照射下，冰雪消融，露出了斑驳的桥栏，在皑皑白雪的覆盖下，桥身依稀可辨、似隐似现，而涵洞中的白雪熠熠生光，与桥面的灰褐色形成反差，远望去似断非断，故称断桥。伫立桥头，放眼四望，远山近水，尽收眼底，给人以生机勃勃之感。

断桥残雪的断桥两头和附近的山上种植了不少松柏，苍松翠柏之间点缀着多姿的湖石。松柏、怪石、断桥构成了一幅优美的图画。

罹劫后，断桥残雪如今只剩问津旧址附近的几处遗址还存有几块湖石。

山高水长位于西苑地铁站的正北，

圆明园的西南角。

其地势平坦，视野开阔。

西、南、北三面小河环绕，

东面是山，

四周树木成林，

前有河流，

中央地势平衍宽敞。

[第**14**站]

山高水长

平日里，山高水长为皇帝骑马射箭，皇子、侍卫习射之地。这里还是清朝皇帝宴赏、演耕、设坛祈雨之处，也是召见王公大臣和外国使节的重要场所。

这里地势开阔，具备燃放烟花的条件。从雍正时起，每年灯节在此设宴，招待外藩和外国使臣。从乾隆时起，元宵佳节时还在这里举行盛大的烟火晚会（火戏），内容包括摔跤、

马术、杂技、民乐、舞灯、烟火等多项表演。

山高水长的主建筑是山高水长楼，建于雍正初年。山高水长楼旧称"引见楼"。雍正四年（1726）七月，营造司奉命为"引见楼"内净室配做了两个铜丝炉罩。由此可知，当时此处已有园居活动。

山高水长楼是西向的卷棚歇山楼。山高水长楼高两层，宽七楹，东、西设有较宽的檐廊，可供排座设席，外檐挂乾隆帝御书"山高水长"匾额，楼前有月台。山高水长楼南、北两翼分列库房和侍卫房。

雍正五年（1727）正月十九日，雍正帝在圆明园宴赏外藩王、贝勒、贝子、塔布囊及内大臣、大学士等，谕令遵循去年之例，备办礼乐、摔跤及烟火。这就是在山高水长举办武帐宴和火戏的开始。山高水长楼前，有骑射用的斜向马道，西北有一字横土墙的靶档，俗称为"土墙"。此地亦俗称西厂、西厂子、西苑（或西园）。

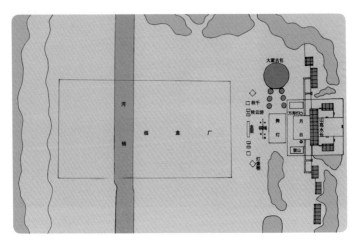

◎清 圆明园山高水长火戏平面图

乾隆三年（1738）正月十一日，乾隆帝初来圆明园，十三日至二十三日侍奉皇太后来山高水长观赏上元节火戏。乾隆时期的上元节火戏在山高水长共举办过四十八届，火戏精巧，是年节定例。

山高水长楼前月台的南、北两侧各有一座圆塔形的"万寿灯"，其外侧是南北对称的"鳌山"牌楼灯。月台正前方是"舞灯"区，在"舞灯"区背面是七座蒙古包，一大六小。"舞灯"区前是"铜绳"表演处，再前面则是秋千、转云游、盒架和灯展棚，再向西的大片区域就是"烟盒厂"。

山高水长楼后的东面有院。皇帝、后妃到此均乘船，船停靠在楼东侧的十字亭码头，众人从后院进到楼上观赏火戏。

上元节的准备工作从上年十二月就开始了。圆明园"花炮作"与内务府"营造司"负责烟火准备、安装烟火盒架、搭灯棚、安装西洋秋千等。从正月十三日起，张灯结彩，花灯齐明，

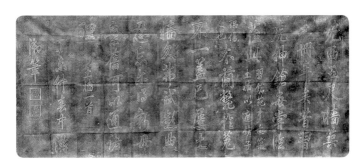

◎圆明园 山高水长《土墙》诗 碑拓

◎圆明园 山高水长《种松》诗 碑拓

好看至极。据清朝内务府档案、《清朝野史大观》和《檐曝杂记》等文献记载：每年上元节前夕，山高水长楼前宽阔的地面上耸立着几十个烟火盒架，楼前月台上左右各有一扇面形高达17米的烟火牌楼，大架高悬，雄伟壮观。

　　每年的上元节都非常热闹，武帐宴俗称"大蒙古包宴"，始自雍正时期，乾隆中期达到全盛，主要赴宴的是蒙古王公、年班朝正的外藩王公和外国来使。

　　乾隆时期，从正月十三放灯，到燕九（正月十九）收灯。宗室王公、文武大臣以及来京贺正的外藩王公和各国使臣也

◎清 沈源、唐岱《四十景图》之"山高水长"

被特许前来观礼。在这七天里，皇帝会频频赐食赐果茶，所以也称之为"七宵灯宴"。

燃放烟火时，内务府营造司会将烟火盒子放在高架子上，共三层：第一层放出"天下太平"；第二层放出成群的鸟，寓意放生；第三层放出四个儿童击秧歌鼓。

内务府的花炮作负责每年制造花炮，但其每年制造的花炮有限，所以并不能满足需要。为了节省，在道光二十三年（1843）五月，裁撤了花炮作。自此之后，清宫所需花炮，由内务府承办购买。

嘉庆、道光和咸丰年间的正月十五，在山高水长联络了各民族之间的感情，也反映了国家统一、民族团结、睦邻友好。颇能体现《礼记》所载的"圣人能以天下为一家，中国为一人"的理念。

道光十七年（1837）后，因财力不济，山高水长的烟火表演停办。咸丰时期曾一度恢复过，但规模与乾隆时期差之甚远。从此，烟火表演渐趋于消散。

山高水长楼前远方的长溪是圆明

园的进水河道。玉泉、万泉两水系在圆明园南侧之御马厂内汇合而成高水湖，北流至进水闸注入圆明园内。

山高水长楼南侧偏东的环形山内，有十三个南北排列的院落组成了一片建筑群，俗称十三所，无匾额。这里是山高水长举办烟火盛会等活动的保障服务处。乾隆四十六年（1781），曾修缮十三所之二所、九所和十一所。

十三所之南为圆明园南墙，设西南门。举办山高水长元宵火戏和外藩宴赏的执事人员，包括入园献艺者，只准由西南门出入。太医院官员、懋勤殿匠役等亦从此门出入。西南门也是帝后去玉泉山、万寿山时的出入门径之一。

1860 年，圆明园罹劫后，十三所曾残存部分建筑。同治十二年（1873），恰在局部重修圆明园工程期间，十三所之第七所西房二间却"被贼拆倒"。

20 世纪中叶，山高水长楼址及其东南一带，成为民居村落，1994 年将三十余户住户全行迁出。原九间楼、后配殿基址及十三所部分基址于 1995 年初挖掘清理出土。

山高水长之乾隆帝御书《土墙》及《种松》诗碑，今立于北京大学未名湖西岸。

中国国家图书馆文津街分馆，有座《国立北平图书馆记》石碑，背面为旧刻《乾隆十七年上谕》，俗称"清高宗教谕骑射碑"。只是该碑非山高水长之旧物。

山高水长南侧之虎皮石墙，1995 年已在原址上修复。山高水长旷地除 20 世纪 60 年代植有两片核桃林外，其余为农田，1997 年绿化为北京市国家机关"香港回归纪念林"。

◎清 郎世宁《乾隆帝元宵行乐图》轴

慎修思永位于圆明园北部，

它在武陵春色的北面，

东邻文源阁，

处于水抱山拥的小岛之上。

[第 **15** 站]

慎修思永

建于雍正年间的濂溪乐处，在乾隆初年定名"慎修思永"。据《圆明园四十景图》可见，南面池中有五间敞厅，厅中还绘有宝座，后期此建筑就已不存在。乾隆四十七年（1782），在慎修思永殿后添建了"知过堂"。

慎修思永正殿九间，前后共有抱厦各五间。外檐挂有"慎修思永"匾，内檐挂有"濂溪乐处"匾。慎修思永殿东南方

◎圆明园　慎修思永遗址

向的河面上，有一处回廊形成的方形水院。其三面伸入湖中，共有三十七间。在北回廊中有三间，其檐下挂有雍正帝御书"香雪廊"匾，回廊转向东面是"荷香亭"。而南回廊建有敞厅五间，檐下挂有"芰荷深处"匾。"芰荷深处"与"香雪廊"的两边湖中都种满了荷花，水院的八个方向都是赏荷的好地方。水院之外的广阔湖面上开满了亭亭玉立的荷花，含苞的花朵娇羞欲语，轻盈潇洒，微风吹来，荷叶也随风飘摇，阵阵清香沁人肺腑。乾隆帝读书之余信步来到回廊之上，欣赏水院四围景色，完全被天光云影所陶醉。

乾隆帝不仅喜爱荷花，还是养荷花的专家。他对荷花开放时间的早晚、长势的好坏都有研究，并在圆明园留下了许多有关荷花的诗词文章。

乾隆帝在盛夏荷花盛开之际会侍奉母亲专程来此赏荷，并作诗序。他在《濂溪乐处》诗序中这样赞赏荷花："每月凉暑

◎圆明园 慎修思永遗址

夕，风爽秋初，净绿粉红，动香不已。想西湖十里，野水苍茫，无此端严清丽也。"诗中有云："烂漫六月春，摇曳玻璃影。香风湖面来，炎夏方秋冷。"这处精致的小景是乾隆帝根据周敦颐的《爱莲说》而取，可以体味其中的诗意。

濂溪乐处除了荷花，还有许多古松。水云居殿北山墙之外就有一株古松，它应该是康熙后期修建山墙之前遗留下来的。乾隆四十五年（1780），据内务府《奏销档》记载："慎修思永大松树下堆做山石，北边响水高峰勾抿。"这是圆明园仅存的对园内古松的记载。

1860年圆明园罹劫后，慎修思永和知过堂两座大殿仍幸存，同治年间局部重修圆明园时，这两殿曾被修缮。光绪二十二年至二十四年（1896—1898），慈禧太后试图修理园内

◎清 沈源、唐岱《四十景图》之"慎修思永"

一部分殿宇时，慎修思永殿又是重点的修复对象之一。光绪二十四年（1898）七月二十六日，慈禧太后临幸圆明园，观览了慎修思永殿内檐的装修图纸。"戊戌政变"后，九月十八日仍由总管太监李莲英催要慎修思永的装修图纸。

1900年八国联军入侵北京，慎修思永殿、知过堂等残构都毁于战乱，园内古树几乎被砍伐殆尽，只有慎修思永殿西山墙边的那株古松幸免于难。1956年前后，这株古松最终被颐和园管理部门砍伐，其树干直径达到1.5米。今天，古松北侧的叠石峰仍有残存。

安佑宫又称鸿慈永祜，
位于圆明园西北方，
紫碧山房的东南位置，
为清帝在圆明园中的皇家祖祠，
是一处大型的寺庙园林。

[第 **16** 站]

安佑宫

　　安佑宫修建历时三年，于乾隆八年（1743）建成。它按照明朝寿皇殿的规制建造，但其规模与景观都超过了寿皇殿。安佑宫为面阔九间正脊重檐大殿，庑殿顶，覆黄色琉璃瓦，是圆明园中规格最高的建筑物。它的外檐悬乾隆帝御书"安佑宫"铜字斗匾。整个建筑群四面青山环绕，苍松翠柏遮地，规模宏大，建筑华丽，布局严谨。

◎圆明园 鸿慈永祜早期残迹（1916 年前后）

乾隆帝为其取名"鸿慈永祜"，就是希望祖宗的在天之灵能永远保佑清王朝的天下太平。古人对祖先的崇拜最先表现为一种原始的宗教信仰，而宗庙祭祀就是一种直接体现。

安佑宫分为两部分：北部以安佑宫大殿为主，是以两道墙围成的近似于正方形的大院；南部主要有牌坊和华表等。

乾隆五十四年（1789），安佑宫殿宇、房间、牌楼等得到修缮。安佑宫门外南端山口之内是一座由三个门与四段琉璃壁组成的"龙凤门"式琉璃牌坊。牌坊内外两翼各有一座石华表。正牌楼一座，南面额曰"鸿慈永祜"，坊北额为"燕翼长诒"，都是乾隆帝御书金字匾额。

致孚殿内刊刻了雍正帝《圆明园记》和乾隆帝《圆明园后记》御笔。此殿为清帝祭祖前的更衣之所。

致孚殿之北，过月河桥有三座琉璃牌坊环列于此，南边牌楼向南挂"羹墙忾慕"匾，向北挂"云日瞻依"匾；东边牌楼向东挂"勋华式焕"匾，向西挂"谟烈重光"匾；西边牌楼向西挂"德配清宁"匾，向东挂"功隆作述"匾，均为乾隆帝御书铜镀金字匾。月河为自然山石驳岸，中列有三孔石券桥三座，东西外侧各有一座木板桥。

安佑宫的汉白玉石基宽大，朱红色的门柱非常壮观。重檐歇山带屋脊的屋顶覆黄色琉璃瓦，在阳光下光彩熠熠。殿前的月台上安置有鼎炉五座，铜鹿、铜鹤各一对，殿前两侧再配以碑亭、配殿，加之周围郁郁葱葱高大挺拔的苍松翠柏、浓荫蔽日，气氛庄严肃穆。

安佑宫大殿内，最初仅供康熙、雍正二帝"圣容"，后又相继供奉乾隆、嘉庆、道光三帝画像。明间供康熙帝画像，龛额曰"音容俨在"；东次间供雍正帝画像，龛额"陟降在兹"；西次间供乾隆帝画像，龛额"慕申尊养"；东二次间供嘉庆帝画像，龛额"仁敷九有"；西二次间供道光帝画像，龛额"道参化育"。龛前皆设供桌，但有差别。

按清代定制，景山寿皇殿除供奉列祖列宗御容外，每于除夕、元旦还要供奉列后御容一同瞻拜。圆明园安佑宫则只供奉康雍并乾嘉道五帝御容，而"未及列后"。

安佑宫是园中皇帝的祖祠。凡皇帝从紫禁城来到圆明园，从御园回到宫中，外出巡游和回园的时刻，或在正月十五上元日、七月十五中元日、清明、当今皇上的生日、先皇的诞辰与忌日等日子时，皇帝都要到这里叩拜行礼。安佑宫的祭祀无论寒暑风雨，都必须由皇帝亲自主持。届时，皇帝亲率子孙、宗室亲王向先帝神御跪拜，乞求他们的保佑。

安佑宫殿内，陈列祭祀用"中和韶乐"一套乐器。中和乐器有特磬、编钟等。源自雅乐的中和韶乐，是将礼、乐、歌、舞融为一体的典礼音乐，清朝举行祭祀及宴飨活动时使用，也是最典型的宫廷音乐。

1860年圆明园罹劫后，仍残存井亭、八座琉璃券门、七间值房及河外魁星楼等。同治十二年（1873）同治帝命人局部重修圆明园时，安佑宫为重点修复对象。至次年七月停工时，已补盖（揭瓦）成型。1900年毁于八国联军入侵期间。

如今，曾立于安佑宫的两对华表，一对在北京大学，一对在中国国家图书馆文津街分馆院中；一对石麒麟在北京大学主楼前；两块龙云石分别在北京大学和颐和园内。

坦坦荡荡位于圆明园南部、后湖的西侧，

西边是山高水长，

建自康熙后期。

[第 **17** 站]

坦坦荡荡中观鱼

　　坦坦荡荡这里曾挂有雍正帝御书匾"双佳斋"和"知鱼亭"。坦坦荡荡的布局与杭州西湖乾隆帝新增十八景之一的"玉泉观鱼"颇为相似。

　　坦坦荡荡四面环水，西、北外侧复围土丘。西南、东南和西侧都设跨溪木板桥。坦坦荡荡（素心堂）门殿面阔五间，前宇素心堂为康熙时所建，外檐挂乾隆帝御笔"素心堂"匾，

◎圆明园 坦坦荡荡金鱼池遗址

后抱厦内檐挂"坦坦荡荡"匾。素心堂出自陶渊明"闻多素心人"的诗句。堂内额"清虚静泰",联曰:"源头句咏朱夫子,池上居同白乐天。"都出自乾隆帝御书,并有乾隆帝御制《素心堂》诗:"书堂最为古,秋令又而今。松竹自良友,缥缃实素心。"道光十九年(1839)二月,道光帝侍奉皇太后于此素心堂游憩、进膳。

乾隆时期,金鱼池已被改建。乾隆四年(1739)将其定名为"坦坦荡荡",同时挂匾有"坦坦荡荡""光风霁月""半亩园""凝香楼""气象清华""延趣"等。乾隆九年(1744),在西部添建了值房院。

从《圆明园四十景图》中可以看到,坦坦荡荡的金鱼池内有鱼儿在其中穿梭,水中以湖石叠成假山。鱼池内外叠石颇多,并立峰题刻"坦坦荡荡"景名及"青浮""红润"石刻。

◎圆明园 锦鲤群

今天，经过清理发掘的坦坦荡荡遗址，此处呈现出多块原石，特别是金鱼池四岸的条石和池中众多的环状叠石、深水藏鱼窝仍颇为壮观。金鱼池中的太湖石堆山有其独到之处，在石堆中间留有一个水洼，是为了金鱼过冬之用。

金鱼池周舍下锦鳞数千头，这里是皇帝饲喂与观赏金鱼之佳处。从《圆明园四十景图》中可见，这个水池以砖石砌筑，池水较深，池中布有铜丝网，水池边设有石栏杆，平台与平桥通道上安装红木栏杆，池水中央有平台水榭。金鱼池内的游鱼不同寻常，乾隆帝曾作《池上居四咏》，其中含"池""鱼""松""石"四题。鱼代表着吉祥，金鱼象征着金有余（鱼），而观鱼出自《庄子·秋水》的典故。

半亩园在坦坦荡荡殿东，面阔五间前后有廊，内檐挂"半亩园"冰裂纹玉匾及"皆春""履道书屋"内额。殿内东次、梢间设四方亭宝座，挂"延趣"冰裂纹一块玉匾。西梢间可

◎清 沈源、唐岱《四十景图》之"金鱼池"

攀梯登楼，楼上挂"凝香楼"锦边壁子匾。此殿另有内额"气象清华"及冰裂纹一块玉绢对联两副，联曰："古调诗吟山色里，无私琴在月中明。""窗开临槛水，帘卷入溪云。"皆乾隆四年（1739）御书。

澹怀堂在坦坦荡荡西，殿面阔五间，前后有廊，外檐挂"澹怀堂"匾额。澹怀堂于乾隆初年已有，咸丰九年（1859）将西二间中间的六扇南窗安了玻璃。

双佳斋在鱼池西角，东向平台殿面阔三间，外檐挂雍正帝御书"双佳斋"匾。西南外侧小院是负责园容卫生的园户和听候差务之处。

光风霁月在鱼池中心，敞榭面阔五间，外檐挂"光风霁月"锦边壁子匾额。光风霁月榭原额为"怡情丘壑"，乾隆四年（1739）八月易本名。

鱼池东南角的四方亭是知鱼亭，外悬雍正帝御书"知鱼"匾。雍正四年（1726）题额并御制《知鱼亭待月》诗。

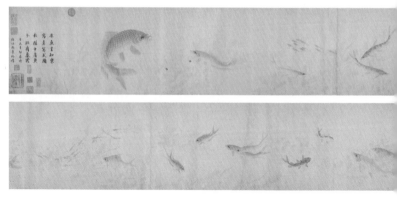

◎宋 周东卿《鱼乐图》卷

　　萃景斋在知鱼亭东北，东西向敞厅面阔三间。《日下旧闻考》记，在斋石上刊刻了御制《坦坦荡荡》诗。园内另在别有洞天有同名建筑，咸丰后期似已不见。

　　乾隆二年（1737），内务府将畅春园之鱼网入圆明园河内，鱼的总数在一万条以上，种类包括大金鱼、小金鱼、鲤鱼、鲲鱼、青鱼、白鱼、胖头鱼、鲫鱼等，品种丰富。如此多的鱼平时的饲养所需费用颇大，据《养吉斋丛录》中记录："园中自谷雨至霜降，饲金鱼，每日例支九十饼。"此处"饼"应指"银饼"。

　　从雍正时期开始，北京就有了交皇鱼的贡例，每年要挑选一批品质优良、品种新奇的金鱼送入宫中，蓄养在御花园内。

　　乾隆帝喜欢赏鱼，园居九州清晏时，常于清晨去金鱼池亲自喂鱼取乐。观鱼也具有季节性，最宜于春夏两季。

　　乾隆二十一年（1756）四月初四有记载："进出入贤良门，至九州清晏少坐，后码头乘船至同乐园，进晚膳后，乘船至

东园游行毕，回至九州清晏。是日在淑清院更换寻常衣服，撤去金炉。"

四月初五："乘四人亮轿，至怀清芬进早膳。乘四人亮轿至金鱼池喂鱼毕，乘船游行毕。至九州清晏进晚膳后，乘船至秀清村少坐。乘四人亮轿，由如意馆回至九州清晏。"

四月初六："乘四人暖轿，至怀清芬进早膳毕。至勤政殿办事、引见毕。仍乘轿至山高水长少坐，乘四人亮轿，至万方安和乘船游行毕，至金鱼池喂鱼毕，至九州清晏，进晚膳后，乘船至东园游行毕，回至九州清晏。"

乾隆帝在圆明园亲自喂鱼取乐，同时也以鱼行水中、畅通无碍来喻示超越世间、自由豁达的追求。

汇万总春之庙俗称花神庙，

位于圆明园北部，

武陵春色的东北角，

濂溪乐处对面。

这座花神庙借杭州西湖的正殿祭花神之景。

此处始建不会晚于乾隆初年。

[第 **18** 站]

汇万总春之庙

该庙是一处寺庙型的园林，"汇万总春之庙"有石刻山门匾额。正殿面阔五间，内檐挂"蕃育群芳"匾额，前有回廊院，东西配殿各面阔三间，各殿都为卷棚悬山顶。

乾隆三十五年（1770）二月，万寿圣节在花朝、年节安摆贡献。新建花神庙在二月十二日花朝开光献供，日夜有香烛贡献。此举源自对花的崇拜。唐代就有"花朝节"，民间于二

◎圆明园《莳花碑》碑拓
（乾隆十年花朝后二日）

月十二日这天祭祀花神。作为百花的生日，明代《月令采奇》中把二月的十二日和十五日分别称为"百花朝"和"花朝"，就此二月十二日就成了纪念百花的日子。

宋代花神信仰逐步定型，产生了专门祭祀花神的花神庙，最终演化出了庞杂的众神体系。花神共有十二位，据吴友如所绘的《十二花神图》：一月是梅花神柳梦梅，二月是杏花神杨玉环，三月是桃花神杨延昭，四月是蔷薇花神张丽华，五月是石榴花神钟馗，六月是荷花神西施，七月是凤仙花神石崇，八月是菊花神绿珠，九月是菊花神陶渊明，十月是芙蓉

111

◎圆明园"汇万总春之庙"石匾

花神谢素秋，十一月是山茶花神白乐天，十二月是蜡梅花神老令婆。其中花神有男性，也有女性；有真实的历史人物，也有传说中的神话人物。而十二月花神是谁，在各地有不同的说法。除了个别人物有差别，还多了一个闰月花神钟馗，这是非常有趣的一个现象。

乾隆三十五年（1770）二月十二日，花神庙开光献供。

每年花朝节，皇帝都会派内务府官员致祭，并且亲自来庙内拈香。例如嘉庆三年（1798），嘉庆帝就亲自来庙内拈香，还写下了一首《花朝曲》。

乾隆五十六年（1791），乾隆帝命人将"洁矩亭"同朝日晖亭、池水共心月同明敞厅等一齐修缮。从乾隆九年（1744）所绘《濂溪乐处图》及《圆明三园地盘河道全图》看，花神庙的十字大亭的西边（即宝莲航南岸），原有一座四方单檐亭。

宝莲航在慎修思永东南近岸池中，是船舫式建筑，额曰"宝莲航"，乾隆四十九年（1784）添建，同年六月新建宝莲航宫殿。此处命人于每年冬季放置关东苗笤帚二十把、活毛荻杆小掸子二十五把、五尺高细杆掸子四把、锡锣式柳笸箩两个、象耳笸箕四个、新红花布十丈，此举有保持洁净的寓意。

嘉庆帝有《宝莲航》御制诗两首，其诗有云："凿石造舟倚河滨，象形奚必帆樯备"，"凭虚倚槛水天遥，鸥鹭自浮鱼自戏"。从诗中可见，传统园林中，石舫往往有一个"不系舟"的绰号。有水就有舟，在园林内建石舫，可以证明此处是活水，可以乘舟来游。但舟是石头做的，不用担心木船顺水漂走，不用系缆绳，如此便营造出一种"野渡无人"的境界。

嘉庆二十四年（1819）、道光四年（1824），皇帝、皇后都至花神庙拈香，南府作乐请神，并在船台献戏两出。道光初年，祭花神应用单响炮仗三十个，用以纪念。

几经变迁，花神庙如今原基址已了无踪迹。宝莲航石舫基座至今未见，只能依稀可见其昔日的地基风貌。

北京大学燕南园今存圆明园花神庙两座石碑，均是《莳花记事碑》，系乾隆十年（1745）和乾隆十二年（1747）由圆明园总管太监所立，其碑文表明二碑原立于花圃、花神庙之侧。

康熙五十九年（1720）胤禛修建了桃花坞。

洞口处御题"桃花洞"匾，

原挂雍正四年御笔"桃花洞"木匾，

后来变为石刻匾。

明代唐伯虎住在苏州桃花坞，

雍正帝借用了这个宅名，

起初这里就叫"桃花坞"。

[第**19**站]

世外桃源"桃花坞"

武陵春色位于万方安和之北，其处生长的山桃号称"山桃万株"。桃花坞取《桃花源记》的意境而造，四周青山环绕，在"桃花溪"的东南方位叠石，架起山洞，就这样形成了桃花洞。皇帝游园时可乘舟沿清溪而上穿越桃花洞，过洞后犹如进入了世外桃源。陶渊明在《桃花源记》中描述："林尽水源，便得一山，山有小口，仿佛若有光。便舍船，从口入。

◎圆明园 武陵春色 桃花洞遗址

初极狭，才通人。复行数十步，豁然开朗"。在圆明园中，小舟穿洞而过，每当春季时，水逐桃花，落英缤纷。岛的三面是起伏连绵的青山，形成与外部隔离的"世外桃源"。桃花坞营造的景色如《桃花源记》中所描绘的意境一样，顺着开满桃花的小溪，可以抵达一个安宁、和谐的世外桃源。

桃花坞北部有南向殿三间，其前廊、外檐挂有雍正帝御书"桃花坞"匾。此殿内额"春华敷"，为乾隆十四年（1749）御书，原挂于长春园，不详何时移来此处。

雍正四年（1726）起，弘历被赐居于桃花坞。桃花洞南部旧称"桃柳村"，乾隆三年（1738）五月，乾隆帝御书"全璧堂"匾文，糊在旧匾壁子上，挂于桃柳村。全璧堂南向殿五间，有前后廊。据《清升平署志略》记载，乾嘉时期全璧堂院是专司清宫演戏的南府内大学太监在园内的居住处。此堂名称在《日下旧闻考》与道光初年南府《日记档》作"全璧

◎清 沈源、唐岱《四十景图》之"武陵春色"

堂",而当时的《奏销档》则称"全碧堂"。咸丰末年,《圆明园匾额略节》亦录此称,但注为"无匾"。全璧堂之北有面阔五间的正殿"天君泰然",其前后带廊,有东西耳房各一间、东西厢房各五间,皆为乾隆三十四年(1769)添盖而成。

乾隆三十四年(1769),北部桃源深处一带进行全面修缮,并添盖垂花门、游廊;南部全璧堂院内添盖正房、耳房、东西厢房等;中部恒春堂戏台院似为嘉庆十六年(1811)前后改建添建而成,山外东临水池。

乾隆九年(1744)七月制成御笔"武陵春色"锦边匾额,旋即另制御书"武陵春色"石匾一面,于同年九月,挂在壶中天洞口。匾为松花玉石底、紫端石字,雕夔龙边。

壶中天四周环山,清溪环绕。每年桃花盛开之际,这里

◎清《雍正十二月行
乐图》轴之"三月赏桃"

是赏花的最佳之处。山间溪畔的桃花含着晶莹的露珠，娇怯
怯地以溪水为镜，宛如美人初妆，晓风徐拂，花瓣纷飞如彩
霞。这一切美景，想必当年赐居于此的弘历印象颇深。

壶中天东南部的石洞内额"壶中天"为雍正帝御书。此
地叠石成洞，中间为清潭，周围散置亭轩。康熙五十八年

◎清 黄麟《桃花源图》卷

◎清 查士标《桃园图》

（1719），该石洞内有座观音洞，乾隆二十一年（1756）悬挂"柰苑"黑漆金字匾。

壶中天石洞东侧远方有洞口，匾额为"真如"。传统文人将洒脱情怀寄于山水，在美景中修养身心。天气晴朗的日子

里，无论在山间或在河岸，都能观看到青山环抱的整个山体，中间有狭长而不规则的小平原。

圆明园罹劫后，桃花洞今尚残存，其他山水轮廓仍在。

西峰秀色位于圆明园北部,

舍卫城正北面,

由大岛与小岛、山石瀑布、建筑等组成,

外隔山冈。

雍正六年（1728）十月,

挂有雍正帝御笔"西峰秀色"匾。

[第**20**站]

西峰秀色

雍正七年（1729）四月,在西峰秀色的瀑布处安放了柏木作的水法。这里的瀑布酷似庐山的"小匡庐"。

庐山又名匡山,也称匡庐。相传,古代有一位叫匡俗的人结庐于此。庐山三面临水,烟云弥漫,历来是文人墨客的观赏游览之地。

西峰秀色建起的这座大型叠山瀑布,虽然由人工堆叠而

◎清 沈源、唐岱《四十景图》之"西峰秀色"

成，但是近观"小匡庐"上，飞瀑遥挂，山下青松挺拔，远望山脉连绵如黛，影影绰绰，也十分壮观。观赏这座叠山，必须仰视，给人置身高山之感。叠山上有台阶可通山顶，山中精心栽培了青松，仿造真正的匡庐植被。庐山以瀑布闻名，其瀑布宏伟壮观，一泻千里。从圆明园《四十景图》中可以看到，因山势安排的巧妙，小匡庐叠山上的两峰之间的瀑布也很壮观，山涧在有层次的岩石间跌宕，仿建出飞流直下的瀑布。人工叠山的小匡庐为近景，与远景的两山相映成趣，难以分辨此乃人工还是天然。身处此境，只觉得山川峻丽，神清气爽。夏日暑热之时在敞厅摆上桌凳，或读书写字，或闭目养神，雅致非常。

◎圆明园 西峰秀色遗址

　　"小匡庐"与大岛之间是小岛"长青洲"。岛虽小，内部却十分紧凑。它利用北部水域形成的港湾，将另一个西湖名景"花港观鱼"移了过来。港湾正中是一座精致的小岛，上有一

乔松翠盖，峰峦别致，叠石嶙峋。乾隆三年（1738），乾隆帝御书"长青洲"三字刻于小岛东角石上。

乾隆九年（1744），高水瀑布东侧，沿河的花港观鱼与岚镜舫有过改建。从圆明园《四十景图》中可知，花港观鱼建有木桥，原是一座带棚木盖板桥，中央的木板是可以撤除的，但改后就变成了游廊。乾隆二十九年（1764）似改建成过河敞厅，乾隆五十八年（1793）曾修缮过这七间过河敞厅。花港观鱼在岚镜舫西侧，连接拐角。过河敞厅有七间，四围有檐廊，内檐挂"花港观鱼"匾，取自杭州西湖，匾是乾隆二十二年（1757）用旧字旧胎骨做的玉匾。

岚镜舫有临河的长屋十二间，前后都有廊。乾隆二十九年（1764）六月御书，外檐挂乾隆帝御书"岚镜舫"匾。岚镜舫东西两端各有三五间房，当时改建为长屋。

西峰秀色是本处景观的总称，为游憩寝宫之一，雍正帝最喜居住在此。岛上的"自得轩"以藤萝著称。自得轩前有八方藤萝架一座，乾隆五十六年（1791）拆修。这里的建筑没有人工雕琢，显得古朴无华，舒适自然。

西峰秀色主殿在岛的西边，是一座华丽的楼阁。从圆明园《四十景图》中可见其窗户宽敞明亮，敞厅面阔三间。楼阁后有玉兰树，玉兰盛开时，芳香弥漫。雍正帝经常来此观赏日落景色，以摆脱俗事牵绊。

七夕节那天，雍正帝在日落之后仍然静坐在这里，在后妃、子女以及其他近支宗室人员的陪同下举行盛宴，观看牛郎织女在银河相会的天象。此时，他会非常怀念已逝的年贵妃（敦肃皇贵妃）。

备受雍正帝宠爱的年贵妃于雍正三年（1725）十一月二十二日在圆明园病逝。雍正帝非常忧伤，自责忙于政事，没时间亲自照看年妃，致使年妃贻误病情。他诏令亲王以下、宗室以上五日不跳神，都要为年妃穿戴孝服，四品以上官员及有封爵者一律到圆明园安奉年妃。为年妃守孝时，须摘掉帽缨，以示哀戚。雍正帝追封年妃为皇贵妃，谥肃敏。年妃育有三子一女，但只有一个儿子存活了下来。

据《穿戴档》记载：乾隆二十一年（1756）七月初七清晨，乾隆帝从九州清晏后码头乘船来到西峰秀色"供前拈香"，并在此地进早膳。七月十五中元日，乾隆帝在园内各处祭祖拜佛之后，亦至西峰秀色传早膳。据《养吉斋丛录》记载："七夕巧筵曩时常设于此。……乾隆御制诗：'西峰秀色霭宵烟，又试新秋乞巧筵'。盖纪实也。"

嘉庆与道光时期，每遇七夕，皇帝要来西峰秀色拈香。西峰秀色敞厅建成之初就设有戏台，升平署仍要伺候，并献演仕女乞巧等折子戏，直至道光二十六年（1846）停戏。

西峰秀色遗址大部分已辟为农田，现仍残存外围河池轮廓及西北和南部山形。乾隆帝御题"长青洲"刻石，仍立于原址之上。

坐石临流位于圆明园中部，

福海的西侧。

其东边有同乐园、买卖街和舍卫城，

这三处景观，将坐石临流的大部分地域包裹了起来。

位于其中的兰亭，

在这三面环山的山坞中，

接纳着每一位风雅的来者。

发现·圆明园

[第 **21** 站]

兰亭

坐石临流原为西向，主体建筑是一座面阔三间的重檐亭，与西南方向的澹泊宁静殿（田字房）相望。在乾隆帝还是皇子的时候曾写有《田字房记》，其中有云："流杯亭之西南有田字房焉。丁未（按即雍正五年）四月十八日，皇父万几之暇，燕接亲藩游豫于此。"由此可知，兰亭原称流杯亭（乾隆时期仍以此俗称），雍正五年（1727）业已建成，仿自绍兴兰

◎圆明园 坐石临流遗址

亭之意，故称流杯亭。乾隆初年定名"坐石临流"，乾隆九年（1744）有题咏，乾隆四十四年（1779）改建成重檐八方亭，俗称"八柱兰亭"。

兰亭内外两层柱子，每层八根，柱子原是木制，后改为石柱。乾隆四十四年（1779），乾隆帝命人将内府珍藏的七位书法名家摹写和他个人摹写的《兰亭集序》的墨迹分别刻在八根方形石柱上，每柱刻帖一册，将刻好的石柱替代了兰亭内层原来的八根木柱。

兰亭八柱以八卦"乾、坎、艮、震、巽、离、坤、兑"之名为序排列。第一根柱子上刻的是唐代书法家虞世南的临摹，第二根柱子上刻的是唐代书法家褚遂良的临摹，第三根柱子上刻的是唐代书法家冯承素的临摹，第四根柱子上刻的

◎圆明园 坐石临流"兰亭"之《兰亭修禊图》碑拓（正面）

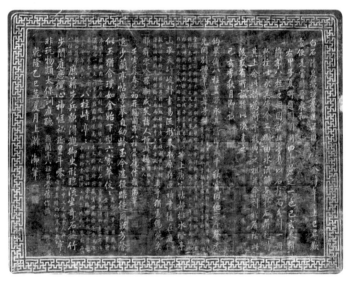

◎圆明园 坐石临流"兰亭"之《乾隆御笔四首》碑拓（背面）

◎圆明园《坐石临流兰亭八柱帖》第七册（董其昌仿柳公权书兰亭诗）碑拓

是唐代文学家柳宗元《兰亭诗》真迹，第五根柱子上刻的是唐代书法家柳公权所书的《兰亭诗》原本，第六根柱子上刻的是清乾隆时进士于敏中补修柳公权所写的兰亭阙笔，第七根柱子上刻的是明代书画家董其昌仿柳公权所书的《兰亭诗》，第八根柱子上刻的是乾隆帝临董其昌仿柳公权所书的《兰亭诗》。八帖帖首有乾隆帝撰写题记，帖后附刻历代名人题跋。因以墨迹钩摹上石，刻工精良，使笔意墨趣神采毕现。每册前后钤有"乾隆御览之宝"印章。此八帖现藏于故宫博物院。

兰亭八柱上的书法有很高的价值。东晋时期，书圣王羲之在永和九年（353）春与群贤儒士雅聚宴咏，于席间酒后所书三百二十四字的《兰亭集序》，又称《兰亭序》《临河序》《褉帖》《三月三日兰亭诗序》等，这幅书法作品被誉为"天下第一行书"；而这次历史上的聚会，也被称为"兰亭会"。

圆明园的兰亭虽然比绍兴会稽山的兰亭要小得多，但其水景灵动，带有很强的游艺与娱乐性。兰亭处的清泉、曲流看似天然，其实都是工匠们的创造。雅集以以文会友、切磋文艺为目的，使文人在雅集中感到轻松、随意，也使文人产生了一种

◎清 沈源、唐岱《四十景图》之"兰亭图"

文化的力量感与认同感。

　　兰亭集会在春季,起初官吏和百姓都到水边嬉游,在此举行消灾祈福的仪式,后来逐渐演变成文人雅士集会的活动。每隔一段时间,就有文人与书家相聚兰亭举办雅集,这已成为一种独特的文化现象。而兰亭雅集传承有序,一个人的风雅很寂寥,多个人的雅聚却很有趣,这种形式有些类似现代的沙龙。在雅集中吟什么、怎么吟全由吟诗者自己决定。永和九年那次的吟诗是"自由式"的,后来绝大部分的兰亭雅集都延续了这一做法。

　　从清代宫廷画作《十二月令图》中我们可以看到,每年农历三月初三,人们坐于圆明园的溪边,溪水弯弯,此谓"曲水";在上游放置酒杯,杯随水流,流到谁面前,谁就取杯把酒喝下,此谓"流觞"。书童将斟酒的羽觞放入溪中,顺流而下,若觞在谁的面前停滞,谁就取杯饮尽,并吟诗作赋,若不能即时吟出好诗,则要罚酒三杯。名士们雅集在此,目睹秀水青山，耳闻轻风，心情快适。

乾隆帝雅兴来时，会在坐石临流重檐亭中聚集文人贤士吟诗作赋，众人在感念先贤文采风流的同时，还可以聆听山水清音，体味人间的美满。

会稽山本来就是一座秀美的青山，加之兰亭这一书法圣地的光环，更是声名远播；而圆明园坐石临流景区的兰亭，亦是在向"书圣"致敬，它为圆明园增辉，也在园林史上放射着独特的光芒。

◎清《十二月令图》轴之"三月"

坐石临流亭遗址的山水轮廓如今较完整。原"流觞曲水"有迹可循。但八方亭仅基址已见，其八根兰亭帖刻巨柱及兰亭碑（石屏），今已为中山公园"景自天成"八方亭的组成部分。原有太湖石，今置于颐和园仁寿殿前。

上下天光位于圆明园南部后湖的西北角，
西临杏花春馆。

雍正四年（1726）上下天光楼前西边曲桥上御书"饮和"亭匾，
次年二月挂。

[第 **22** 站]

上下天光

　　上下天光用一座小楼、两条曲桥，把这组建筑镶嵌在山水相连的地方，使湖光和山色无缝地衔接，浑然一体。站在"九州清晏"北望，只见一幢两层楼阁，楼阁之上青瓦卷顶，下层平台伸入水中，犹如洞庭湖的岳阳楼。

　　上下天光取自范仲淹《岳阳楼记》"上下天光，一碧万顷"句。上下天光为面阔三间的两层建筑，外檐挂有乾隆帝御书

◎圆明园 上下天光平台遗址

"上下天光"匾，内檐有道光帝御书"涵月楼"匾，两侧有乾隆帝御书的楹联："云水澄鲜一帧波光开罨画，烟岚杳霭四围山色浸分奁。"

上下天光这样的设计是比较典型的借景抒情式。在曲桥上点缀着不同姿态的凉亭，西边曲桥上是长方形的亭子，东边是菱形的亭子。楼阁、曲桥和姿态不同的凉亭联成一个整体，弯弯曲曲架于水上，显得活泼而轻盈。

乾隆九年御制《上下天光》诗："上下天水一色，水天上下相连。河伯夙朝玉阙，浑忘望若昔年。"道光御制《涵月楼对月即事》诗云："澄霁秋中碧落宽，波涵明镜浸光寒。烟开岸角千顷碧，风定湖心玉一盘。偶凭高楼看月朗，还欣九曲庆澜安。"

乾隆帝御书有"上下天光"和"奇赏"（东桥六方亭）匾。乾隆三十五年（1770）前，西桥悬挂"饮和"匾的三间水榭已改建为六方亭。道光七年（1827）时，上下天光有较大改变，上下天光楼增额"涵月楼"，并以此名为总称。楼后东北添建有方形建筑及值房院，原楼前曲桥、亭榭及楼北平安院值房都已经拆除。此外，在"涵月楼西夹河"还添建了敞厅、方

◎圆明园 后湖的上下天光遗址

亭和曲廊。

心镜澄观敞厅在上下天光楼西，渡过三孔木板桥，桥北临河有三间东向敞厅，南接游廊三间，折而西为四方亭。这组亭榭是道光七年（1827）稍后添盖的，时称此地为"涵月楼西夹河"或"春雨轩东山外河桶"。游廊伸入湖中，有种"近水楼台先得月"之感，是中秋佳节赏月的好地方。

道光七年（1827）中秋夜，道光帝在此侍奉皇太后赏月，设酒宴，升平署派出演戏。道光十七年（1837）中秋夜，涵月楼设月供。道光二十六年（1846）七月十一日，平升署在涵月楼演焰口，并奏中和乐。咸丰九年（1859）十一月遵旨，上下天光楼北面楼下西北角添安楼梯。咸丰十年（1860）二月，令在上下天光楼前添搭天棚，楼上明间面南添安一架三扇玻璃屏风，为咸丰帝三十岁祝寿活动做准备。

中秋之夜，明月高悬，或在下层楼阁之中，或在伸入水中平台之上，和友人一道边听乐曲，边品尝美酒。只见天上一轮明月，湖中一个月影，上下争辉，微风吹来使人顿觉神清气爽。看那湖面，波光粼粼。再望四周，"九州"大地在一片银光隐约之中。这美丽的中秋月色，令人陶醉不已。

◎清 沈源、唐岱《四十景图》之"上下天光"

　　道光七年（1827），上下天光发生了极大的变化。原本的九曲桥、水亭、水榭被拆除，主体建筑"涵月楼"也改建为模仿嘉兴而建造的"烟雨楼"。这次改建使原有的意境大为损失。

　　到了咸丰年间，烟雨楼恢复旧称"上下天光"，并在北侧搭建天棚。咸丰九年（1859）十一月，上下天光北面楼下西北角处添安楼梯。

　　1860年圆明园被毁时，此处也难逃劫难。同治重修圆明园时，"上下天光"一景也在重修之列，并将原来面阔三间的"上下天光"楼阁改为面阔五间，安墙基石；后因经济拮据，圆明园停止重修。上下天光后湖面积约四公顷，如今后湖相当部分仍得以保留，上下天光楼前平台遗址仍可寻得。

奉三无私殿位于圆明园南部，

正大光明殿北部，

九州清晏中轴三殿的中间，

是乾隆四年（1739）建造的一座全部用楠木打造的

"奉三无私殿"，故又称"楠木殿"。

[第**23**站]

奉三无私殿

圆明园殿恭悬康熙帝御书匾，因此圆明园殿为正殿，与奉三无私殿、九州清晏殿合称"圆明园三殿"。

奉三无私殿前后有廊，面阔七间，外檐挂"奉三无私"匾，内额挂"清虚静泰"匾。奉三无私殿功能很多，其主要用于御园祭殿，殿内摆有祭殿神供，其摆设与紫禁城"乾清宫"东暖阁和避暑山庄的"依清旷殿"相同。乾隆帝每年初

到圆明园，或者离开御园前往承德避暑山庄前，都要到奉三无私殿前行礼。每年二月初一祭太阳神也在奉三无私殿设供行礼。

奉三无私殿前的东、西回廊外侧分别设有东、西佛堂，面阔三间，前接抱厦一间。自雍正三年（1725）起，东佛堂就供奉着圣祖康熙帝及孝恭仁皇后（雍正帝生母）的神位。乾隆帝即位后，仍遵此制，没有做过增改。清代帝王照例于岁暮封印（御宝），待新年灯节过后的正月二十日开宝，在东佛堂设香案；清晨，皇帝至供前拜宝。西佛堂供观世音菩萨像，佛堂地面铺津（金）砖。道光十六年（1836）圆明园三殿改建时，东、西佛堂处改成值房和太监房，佛堂则改设于圆明园殿内。

奉三无私殿也用来举办各种筵席，每年正月十四日皇帝在此举办宗亲宴。宗亲宴是"上元三宴"之首，又称为"上元前一日奉三无私宗亲宴"，赴宴之人都是皇帝钦点的皇子皇孙和近支王公。正月十五通常还会举办一次内廷宴，这是皇帝赐给后妃内眷的宴席。乾隆五十四年（1789），首次"五世同堂"宴也是在此殿举办的。奉三无私殿内还有戏台，这里也是皇帝平日欣赏中和乐、吹打乐等歌舞的地方。

奉三无私殿内明间设有宝座，东梢间还有地炕一铺，各部衙门在这里向皇帝呈览贡品、图册。唐岱、沈源历时七年绘成的圆明园《四十景图》曾安在殿内呈览。乾隆五十八年（1793）英国使臣马戛尔尼访华时，清政府准备回赠英王和使团的各项礼品也先安设在这里呈览。

咸丰九年（1859），在九州清晏殿东山墙外添盖三间套殿清晖堂，从而形成了它的最终布局。遗憾的是，此堂尚未正式挂匾就于 1860 年毁于英法联军的入侵。

◎清 沈源、唐岱《四十景图》之"九州清晏"

方壶胜境位于圆明园的东北角，
西洋楼景区的西侧，
天宇空明的正南方。
方壶胜境是一座寺庙园林。

[第**24**站]

方壶胜境

　　方壶胜境建自乾隆三年（1738）前后，其匾文于乾隆五年
（1740）挂在方壶胜境殿。方壶胜境西边是起伏连绵的山峦，
山上有高大的苍松；南北部都临水，衬托出仙境般的景致。

　　这组建筑群分南北两部分，从圆明园《四十景图》可见，
北面的建筑规整壮观，是东、西完全对称的格局；南面的建
筑则巧具匠心，"山"字形汉白玉台基延伸至湖中，正中是两

◎清 沈源、唐岱《四十景图》之"方壶胜境"

层楼宇的主殿"方壶胜境",这里又称为宜春楼,是一座上、下各面阔五间的双层楼宇。

北部建筑很是壮观,建于高出地面三米的高台之上,南北有哕鸾殿、琼华楼等六栋两层重檐楼阁,由考究的游廊将它们连通,围成了庭院。黄琉璃瓦屋顶、朱红柱子、红色门窗、栋梁施彩绘,使整个庭院看起来金碧辉煌。庭院四周种有苍松,哕鸾殿前后种有玉兰。早春时节,白色的玉兰花盛开,显得洁白醒目,招人喜爱。深处方壶胜境的楼阁之间,北望满树玉蕊银花,不时飘来阵阵清香;南望湖泊沿岸杨柳依依,

◎圆明园 方壶胜境遗址之夏

不时听到林中鸟儿的鸣唱，恍如仙境。

碧云楼是哕鸾殿西的配楼，面阔三间，外檐悬挂乾隆帝御书"碧云楼"金字匾。碧云楼及哕鸾殿、紫霞楼下所有字画绢片曾因糟旧虫蛀，于乾隆五十二年（1787）依照原尺寸重新写画换贴，包括嵌扇所糊月白帘子纱也换糊新纱，楠木板墙收拾线缝，棚顶虫蛀处另行糊饰。碧云楼下东墙门北边原挂一幅画条，乾隆五十三年（1788）用御笔换下画条，交给了启样宫裱成挂轴。

西配楼后为西穿堂楼五间，供龛二十三座，佛二十六尊，无龛佛二十尊。西穿堂楼似为乾隆中前期添建。

方壶胜境的南部景色更是绝妙。其中汉白玉的台基，被建成"山"字形伸入湖中，正中是两层楼宇的主殿，两旁的翡翠楼、锦绮楼，均为两层楼阁。在楼前伸入湖中的三个汉白玉台基上，建有迎薰、集瑞、凝祥三座亭子，其形状各不相同。中间的迎薰亭是方形双重檐亭，两边的集瑞和凝祥是多边形的双重檐亭，迎薰亭用桥和方壶胜境主殿连接起来；而集瑞和凝祥两亭，则用游廊和主殿相连，使游廊上层的露台与主楼的二层相通。此处的楼阁亭廊精美绮丽又富于变化。从方壶胜境进入湖中的三个亭子，又有不同的感受。方壶胜境与迎薰亭之间是造型精美的汉白玉石桥，只要在桥上依栏俯瞰，即可见水中鱼儿游动、水草飘摇。

方壶胜境的湖面，可从两边亭子中走入或从上层游廊进入。若走上层游廊，因人在高处，视野开阔，步移景异，眼前会呈现出不同的湖光山色。身处其中，难免被眼前的壮丽景色所吸引陶醉，流连忘返。

建于湖心高台上的四方重檐亭为迎薰亭，外檐挂乾隆帝御书"迎薰亭"金字匾，内额挂"对时育物"。此亭的名称与造型都与中南海瀛台南边的临池大亭相同。该亭东面为集瑞亭，西面为凝祥亭，匾挂外檐。迎薰亭内原为砂砖地面，乾隆五十六年（1791）换为墁花斑石砖。高台上四围障以白石栏杆，高台四隅陈设铜铸饰物两对。乾隆八年（1743）六月，奉旨为方壶胜境的两对石座配铸铜狮、天鹿各一对。迎薰亭高台之正南及东西两侧皆设十余级石砌踏跺通至临水码头。乾隆五十九年（1794），拆修迎薰亭前边大料石踏跺，并临河码头四座。

方壶胜境供奉有大量佛像、佛塔，但却始终未见有关清帝来此拈香拜佛的记载。这里也不像园内其他庙宇那样由首领太监充当僧人上殿念经及供茶、供藕、供花和供干果素烛，不详何故。

方壶胜境当年供奉有文殊菩萨、水月观音、旃檀佛等两千多尊大大小小的佛像和一些佛塔。清帝们在处理政务之余到此，既可满足他们礼佛的需要，又可陶醉于仙山琼阁的幻境之中，精神得到极大享受。

澹泊宁静位于圆明园后湖偏北，

是座田字大殿，

主建筑俗称田字房，

建于雍正五年（1727）。

雍正五年、八年、十年先后建有

"钓鱼矶""多稼轩""印月池"等建筑。

[第**25**站]

澹泊宁静

澹泊宁静殿是重要的游憩寝宫。中井北次间安设一张宝座，北层西内梢间安设床，外梢间及宝座北间各安灵璧石一块。雍正九年（1731）御书"贵织山堂"匾文。据《日下旧闻考》记，这三处共有雍正帝御书的十二面匾。

雍正帝在澹泊宁静，享受着穿着汉人便服，想耕地就耕地，想读书就读书的轻松自在，有着无拘无束的乐趣。他鼓

◎清 沈源、唐岱《四十景图》之"澹泊宁静"

励开垦耕田，独辟幽境。他在这里似乎可以游于天地之间，摆脱外在的规范与束缚，把握内心的自我。乾隆帝为皇子时，所写《田字房记》称："丁未（按即雍正五年）四月十八日，皇父万几之暇，燕接亲藩游豫于此。是地也，西山远带，碧沼前流，每当盛夏，开窗则四面风至，不复知暑。其北则稻田数亩，嘉禾生香蔼闻于室。"

据《奏销档》记：乾隆五十年（1785）多稼轩殿宇、游廊油饰见新，映水兰香殿宇、游廊油饰见新，同年九月油画见新。多稼轩殿共有十三面匾额即"多稼轩""观稼轩""怡情悦目""稻香亭""溪山不尽""兰溪隐玉""贵织山堂""丰乐轩""映水兰香""钓鱼矶""印月池""知耕织""濯鳞沼"，及

◎清 沈源、唐岱《四十景图》之"映水兰香"

两面诗堂匾。

　　澹泊宁静殿只要在良辰佳节，便高悬宫灯。仅乾隆三十六年（1771）一次交淮关收拾见新的，就有明角玻璃座灯一对、缂丝吉利灯一对、玻璃灯八对。此处的北、西、南三面都被起伏的山脉围合着，中间沟壑交错，凸起的假山和低洼的水池罗布其间。为了结合这样的地形，建筑物体积都普遍较小，配以石造的洞府和假山，与纵横的绿荫和富饶的畦田，一起安静地倾诉现世安好。

　　田字房殿外稻田弥望，河水周环。乾隆九年（1744），《澹泊宁静》诗序曰："仿田字为房，密室周遮，尘氛不到。其外槐阴花蔓，延青缀紫，风水沦涟，蒹葭苍瑟，澹泊相遭，洵矣视之既静，其听始远。诗云：'青山本来宁静体，绿水如斯澹泊容。境有会心皆可乐，武侯妙语时相逢。千秋之下对纶羽，溪烟岚雾方重重。'"三面环山的澹泊宁静，水田纵横，绿荫繁盛，生机勃勃。而西边的湖岸，没有了"杨柳岸晓风残月"的婉约，而是一番水田和稻香交织而成的人间烟火之气象。

这座田字大殿，建自雍正初年，时称田字房。乾隆三年（1738）七月挂"澹泊宁静""麦雨稻风""畅清襟""舒遐想""静憩""曙光楼"六匾。仅"澹泊宁静"匾即用赤金、梅花青、广胶、鱼鳔，四面皆易看出。

《日下旧闻考》记田字式殿凡四门，其东、北面皆有楼，北楼正宇为澹泊宁静，东为曙光楼。殿之东门外为翠扶楼。这表明，是时此殿东北两面皆为楼房，或者是室内层楼。

多稼轩在田字大殿西侧，南向正殿七间前后出廊，东接抱厦一间，殿前外檐悬雍正帝御书"多稼轩"匾。乾隆帝御书殿内额"恬虚乐古"。

面阔五间的"多稼轩"位于河的北岸，窗户向东开放，可以观望东边那片水田。东北部的湖水沿着河道缓缓流淌。

雍正八年（1730）已有多稼轩题咏，雍正帝《多稼轩劝农诗》云："夜来新雨过，畿甸绿平铺。克尽农桑力，方无饥饿虞。蚕筐携织妇，麦饭饱田夫。坐对春光晚，催耕听鸟呼。"乾隆二十四年（1759）夏，首见御制《多稼轩十景诗》《多稼轩》诗云："径入翠云曲，窗含老屋深。数畦水田趣，一脉戚农心。庭竹张真画，阶泉滴暗琴。当檐悬圣藻，每至起予钦。"又云："古屋古松阴，每因观稼临。"嘉庆帝亦有"满目桑麻绕亭榭"的诗句。

多稼轩大殿，实际上是映水兰香的正殿。乾隆三年

◎清 冷枚《耕织图》

（1738），画院处奉旨为多稼轩画山水人物花卉房屋画一张。乾隆二十五年（1760）为多稼轩做叠折容镜。多稼轩殿内还贮有一幅历史名画《耕织图》长卷，原为耕、织两卷相属，后来分佚单行。乾隆三十四年（1769），勾摹镌刻成一套乾隆《耕织图》刻石，镶嵌在万寿山清漪园延赏斋前边的左右回廊中，为之延续了更久的生命。

多稼轩大殿墙壁上还画有农器十具图，乾隆二十八年（1763）三月御制《农器图十咏》诗以志事，并书该诗于屏，置盘山农乐轩内。

多稼轩前稍偏东，三间东向，崇基敞榭，外檐悬雍正帝御书"观稼轩"匾。轩东为稻田。轩为"多稼轩十景"之一。乾隆《观稼轩》诗序曰:"憩于室,窗为宜;登于磴,台为宜。此轩在台上,不施户牖,故观稼恒于此。"又云:"台上敞轩无户牖,为因拾级便遐观"。

平台上建起的"观稼轩"没有安装门窗,四周通透,视野开阔,专门为了方便皇帝坐在里面观赏农田景象。水上有座亭子叫"钓鱼矶",沿着回廊可从岸上到达亭中,享受垂钓的乐趣。几只优雅的仙鹤漫步在嶙峋的假山旁,这里有个叫作"招鹤磴"的水池,是养殖仙鹤所在。西山脚下的"互妙楼"取自"山之妙在拥楼,楼之妙在纳山"之意,山与楼相映成景,因此而得名。"印月池"也是一座水池,其清澈的池水中可倒映出明月,成为赏月佳处。水池的右边是一个鱼塘"濯鳞沼",这里养着数以百计的热河鲫鱼,它们不仅是为了观赏,也是御膳鱼宴的专供。

稻香亭在多稼轩东北,四方大亭外悬雍正帝御书"稻香亭"匾。稻香亭西南相邻多稼轩东山墙外的一间抱厦。稻香亭东北,有南向殿三间,东接抱厦一间。

印月池殿周环筑台,外围为方池,东池有板桥通出,西池外有曲尺形长廊向南连至池中小亭。池后转角有游廊一座。

雍正帝御书"钓鱼矶"匾挂外檐,雍正五年(1727)见《春夜钓鱼矶闻笛》六绝。《日下旧闻考》记,钓鱼矶"北为印月池"。印月池殿曲廊相连至南池中之方亭,正是钓鱼矶。

圆明园罹劫后,澹泊宁静遗址的山水轮廓至今尚在,尤其多稼轩西侧假山叠石颇多。

同乐园大戏楼位于圆明园中部，

曲院风荷的北面，

福海的西侧，

建自雍正初年。

雍正四年（1726）于内务府《活计档》中

首见"同乐园"字样。

[第 **26** 站]

同乐园大戏楼

乾隆元年（1736）三月，乾隆帝命人照做同乐园烫样（模型）。同乐园戏台上旧有匾一面、对联一副，乾隆二年（1737）十月都收拾见新，十二月做得匾四面、对联一副挂于戏台之上。乾隆九年（1744），将同乐园最南边的三间小楼改建成九间大楼。

圆明园每年正月及佳辰令节会演唱大戏，皇帝宴赏王公大

◎圆明园 同乐园夏

臣、外藩和外国使臣，都在同乐园大戏楼举行。

清代文化娱乐与我们现在的娱乐方式不同，那时皇帝最重要的娱乐活动就是看戏。自清入关后，宫中即兴起观戏之热，到乾隆时达到鼎盛。

圆明园共建戏台十余座，多数为一层和室内戏台，最高最大者正是同乐园这座三层戏台"清音阁"。当时每到灯节前后，照例要在同乐园举办大型灯戏活动，称之为"庆丰图"。活动持续十天唱大戏，并安设万寿灯牌楼（亦称万年欢鳌山），安设万寿灯一百二十八个。清音阁为坐北朝南的三层大戏楼，上层外檐悬额"清音阁"，戏台每面各显三间，中层为戏台，上下层与中层之间均安有滑车，可表演神仙从天而降、鬼怪从地面钻出等特效，这在当时的舞台呈现中是非常先进

◎清 沈源、唐岱《四十景图》之"同乐园"

的。同乐园也是清帝最常去的观戏场所，如清道光年间大臣姚元之《竹叶亭杂记》所述："圆明园福海之西有同乐园，每岁赐诸臣观剧于此。"也就是说，皇帝每到年节赐臣子一同看戏的地点，大多都在同乐园。

清音阁北面有正楼五间，是一座看戏楼，悬"同乐园"匾额，也称同乐园正楼、正殿，由前后楼五间与穿堂楼三间构成"工"字形结构。看戏时，皇帝坐在楼下殿内，皇太后与后妃则在楼上。夏天看戏会在正楼前搭建叠落天棚。有趣的是，腊月二十日之后凡遇大雪，大殿西次间都会安排看戏。

每年同乐园最热闹的时光是正月十三日至十九日的"七宵灯宴"。这七天里，每到日暮，乾隆帝便率皇室宗亲、王公大臣到"山高水长"看烟火，有时看完烟火之后又到同乐园看戏。

新年正月，同乐园举办大型灯戏"庆丰图"，这样的灯戏

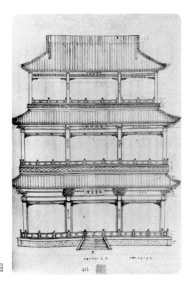

◎清 样式雷绘清音阁立面图

在乾隆年间共举办过四十八次。其中乾隆二十一年（1756）和四十八年（1783），在同乐园中演了十多天的连台戏。每当皇帝生日（即万寿节）或遇重大喜庆，也会在此处演戏以示庆祝。

乾隆五十五年（1790），举行了乾隆帝八旬万寿节庆典，朝鲜也特派遣使节前来庆贺。使节徐浩修在他的《燕行纪》中记载了自己这次前来庆贺的细节，对盛典时在圆明园看戏的剧目等都做了详细的记录："七月十七日适逢皇帝起驾，在清音阁观看了《稻穗麦秀》等戏剧，之后十八日、十九日又连续两天观看了承应戏。而在八月一日晴，留圆明园东北有观戏殿阁，在殿南为戏阁三层，上层曰清音阁，中层曰蓬阆咸韺，下层曰春台宣豫，作乐扮戏于阁中，卯时始戏，未时止戏。而皆演《唐僧三藏西游记》等。"清音阁演出的宫廷戏曲，多出自清宫廷编撰的《升平宝筏》。

◎清《闹学顽戏》

同乐园除三层戏楼外，南北大小九座楼上下层共六十四间。看戏楼为同乐园正殿，它是皇帝和皇太后节日期间的游乐膳憩中心。

1860年圆明园罹劫时，同乐园及买卖街几乎被毁，残存者仅有双桥南边街西临河三间等少量建筑物。同治年间试图

重修圆明园时，曾进呈同乐园烫样，谕曰戏台仍改三层，看戏殿改两层。其后不久停工时，仅清除园内群房六十间之渣土而已。同乐园遗址在 20 世纪 60 年代被海淀区武装部占用，2002 年已拆迁。

圆明园的最大湖面——
福海西北角的四宜书屋，
位于平湖秋月的北部，
雍正九年（1731）三月御题"春宇舒和"匾。

[第 **27** 站]

四宜书屋（安澜园）

　　圆明园中有一座四宜书屋，系雍正时建造，是我们在本文中要讲的。还有一座是"绮春园三十景"之一的四宜书屋，建成于嘉庆十年（1805），同年六月见《四宜书屋》御制诗。

　　园如其名，雍正时所建的四宜书屋就是一座书斋园林。它空间不大，有五间房。东南是菲经馆，南是采芳洲，后面是飞睇亭，东北是绿帷舫。四宜书屋西南为无边风月之阁，又

◎清 沈源、唐岱《四十景图》之"安澜园"

西南为涵秋堂，北边是烟月清真楼。楼西稍南为远秀山房，楼北曲桥边是染霞楼。整个园林布局设计为小巧的单卷小房，彼此交错穿插，形成曲折迂回的小园。

四宜书屋是藏书、读书的好地方，从圆明园《四十景图》中我们可以看到，这里山环水抱，山上山下树木葱茏，青松如林，苍松如盖，剑石林立，红桃、玉兰等点缀在庭院屋前，楼宇建筑错落有致。乾隆帝在《圆明园四十景图咏》中写道："春宜花，夏宜风，秋宜月，冬宜雪"。在此读书四季皆宜。也就是说，这儿的景色，春天鲜花满园，夏天凉爽宜人，秋天皓月当空，冬天银装素裹，在此处四时居住均宜人舒适，可尽赏风花雪月之妙，身处其间，使人倍觉高雅洒脱。

乾隆二十七年（1762），海宁的陈氏隅园被乾隆帝赐名"安澜园"。作为乾隆帝喜爱的园林，在圆明园的建造过程中，安澜园就被借景到了这里。乾隆帝将位于平湖秋月北部的"四宜书屋"进行改建，竣工后干脆将这处景观的名字也改成

◎清 沈源、唐岱《四十景图》之 "安澜园船坞的船"

了 "安澜园"。

四宜书屋改建为安澜园，同时改了名称，除去为了契合景致外，还隐含着其他政治含意。乾隆帝赐海宁陈氏 "隅园"为 "安澜园"，其意是希望东海之水永远安澜，保佑浙江沿海一带物阜民丰。圆明园中的安澜园一样承载着乾隆帝这样的寄托。他在《安澜园记》中写道："凡长江洪河，与夫南北之济运，清黄之交汇，何一非予宵旰切切关心者？亦胥愿其澜之安也"。也就是说，他愿四海之内江河之澜都得以安宁。只有四海之内江河之澜能安，才能保证农业的丰收，保证国家赋税的收入增加，社会才能得以安宁，才能稳定。

清宫画院处原在四宜书屋设有一处分馆，乾隆九年至乾隆十三年（1744—1748）间，曾传旨著 "春宇舒和画画人"绘西

◎清院本《清明上河图》（局部）

洋楼式灯画片和隔扇画。乾隆三十八年（1773），安澜园收存乾隆帝《重刻淳化阁帖》墨拓一套，用紫檀木套匣盛装。乾隆五十一年（1786），又收存《西洋楼铜版画》纸图一套。这两套著名法帖和铜版画似皆存于正房，四宜书屋有了藏品，因此成了名副其实的书屋。这充满生机的四宜书屋，又如乾隆帝所说"宜读书，宜抚帖，宜焚香，宜烹茶"，真是读书的好去处。

现在，四宜书屋的山水轮廓基本仍在，飞睇亭及远秀山房两处假山石尚存大部，原楼宇基址上被三十一户村民占据，2000 年已全部拆迁。

文源阁位于圆明园北部，

水木明瑟的北侧，

濂溪乐处东边。

文源阁东边和北边皆为稻田。

乾隆四十年（1775）悬挂御书"文源阁""玲峰"匾。

同年五月御制《题文源阁》《玲峰歌》诗。

[第**28**站]

文源阁

　　文源阁为独立的院落，坐北朝南，卷棚歇山楼六间，覆黑色琉璃瓦，外观为两层，前后都有廊，外檐挂乾隆帝御书"文源阁"铜字匾。院落最北面原是一座四方重檐大亭，亭额为雍正九年（1731）御书"四达亭"。

　　圆明园文源阁与紫禁城文渊阁、承德避暑山庄文津阁和盛京（今沈阳）故宫文溯阁以及被称作"江南三阁"的扬州大

◎圆明园 文源阁遗址

观堂文汇阁、镇江金山寺文宗阁、杭州圣因寺文澜阁一并被称为"四库七阁"。文源阁内安设围屏一架，由苏州织造，按《北海白塔山记》木金字围屏样式制造。围屏正面贴一幅画，背面为素木板，贴乾隆帝御笔金字《文源阁记》。

与其他四库六阁一样，文源阁的格局仿照浙江宁波范氏（明代兵部右侍郎范钦）的藏书楼天一阁而建。阁之间数和梁柱宽长皆有精义，取"天一生水，地六成之"之意。文源阁建成后收藏康熙《古今图书集成》一部，凡一万卷。乾隆四十八年（1783），钦定《四库全书》第三部誊竣，贮于文源阁。可惜的是，文源阁所藏《四库全书》和《古今图书集成》大部分毁于1860年英法联军劫火，剩下少量则被劫往异域。今天，日本东京的"东洋文库"中，还存有若干册文源阁本《四库全书》。

文源阁前边方池中，竖有一块巨型湖石，乾隆帝为其赐名

◎圆明园 文源阁遗址

"玲峰"。此石来自京西房山，高约七米，石体庞大而又通透，孔穴多。该石刻有乾隆帝御题"玲峰"二字以及乾隆四十年（1775）《题"文源阁"作》《玲峰歌》。乾隆四十一年（1776），乾隆帝有《再作玲峰歌》御制诗及彭元瑞、曹文植等人诗咏题记。

文源阁对面有趣亭，与东侧之月台都仿避暑山庄文津阁而做。乾隆帝《趣亭》诗有云："小亭如笠架岩开"，《月台》诗有云："西则趣亭东月台"。月台与趣亭相对，在叠石之巅小筑平台，竖碑镌刻御书"月台"二字。月台见方3.2米，碑上刻有乾隆四十一年（1776）、四十七年（1782）、四十八年（1783）分别写就的《月台》御制诗三首。

在圆明园罹劫之后，文源阁遗存又遭到军阀官僚的肆意巧取。1921年9月，时任巡阅使的曹锟为了修建保定的"巡阅使署"等处花园，派军人连续数日强行从文源阁拉走大批太湖石，将其运至西直门火车站装车，并由中营游击（官）奉

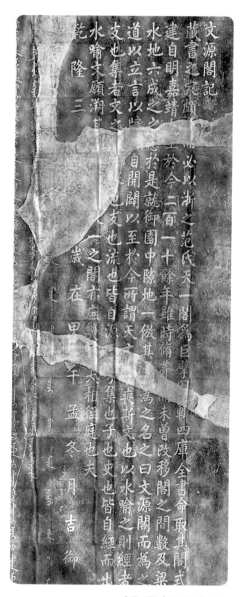

文源閣記
藏書之家願
建自明嘉靖
水地六成之
道以立言以
支也集者文之
乾隆三

必以浙之范氏天一閣為目營
於今二百一十餘年雖時偹萑
於是就御園中隙地一倣其
自開闢以至於今所謂天之
為之名之曰文源閣而為之
輯四庫全書命取其閣式
未曾改移閣之間數及梁
喪斯文也以水喻之則經者
集也子也史也皆自經而出
之閣亦崇�

之范氏天一閣為
歲在甲
午孟冬
月吉
御

◎圆明园《文源阁记》碑拓

163

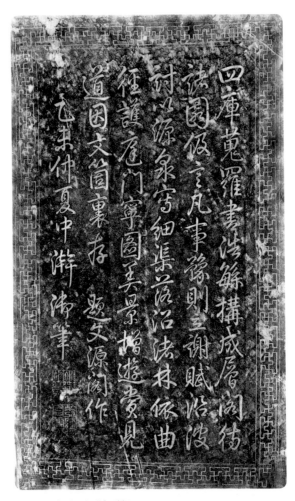

◎圆明园《题文源阁作》碑拓

◎圆明园《文源阁玲峰石》石刻碑拓

京畿卫成总司令王怀庆和中营副将鲍维翰之令押车护送。

现在，文源阁尚存灰土台基和部分叠石。方池中的玲峰石已于1924年前被人为炸毁成数段扑地，今天在遗址上仍可见到部分诗刻。文源阁碑后被移至位于文津街的中国国家图书馆分馆院内，文源阁前门两峰太湖石今存于颐和园仁寿殿前，为文源阁遗物。

文源阁"柳浪闻莺"坊楣，流落至北大朗润园，1977年运回园内，今展陈于天心水面。文源阁水池现今已经清理，里面的数段玲峰石静卧在那里，没有移动。

水木明瑟位于圆明园北部，

文源阁的南侧，

福海的西侧。

殿前外檐挂乾隆九年（1744）六月御书"水木明瑟"锦边匾，

殿北外檐悬挂雍正帝御书楹联一对。

[第 **29** 站]

水木明瑟

　　水木明瑟与澹泊宁静、映水兰香三处景观紧密相连，从北、东、西三面构成三角形，各成意境。

　　它坐北朝南，在溪边殿宇三间外围建有游廊，东边是稻田，风景清爽洁净。雍正五年（1727），水木明瑟即使用了西式喷泉，引水入室内，推动风扇，以供帝后消暑。水木明瑟也因此被俗称为"风扇房"。乾隆初年，改进了水能应用的技法。

◎清 沈源、唐岱《四十景图》之"水木明瑟"

　　喷泉是人工制造，最初为西洋技术，是用以美化环境的喷水设备。其原理是将水经过一定压力，通过喷头喷洒出来，水柱就具有了不同的形状。清代称喷泉为"水法"，18 世纪初叶正式传入中国，最早和最集中的建造之处正是圆明园。圆明园以水景造园，工匠们利用水能在水木明瑟建造耕织轩水法，构思奇特、很有气势，这是圆明园采用喷泉水景的开始。

　　雍正五年（1727）闰三月，因风扇房内翎毛风扇小了，又再做了一份大些的。五月十一日，做得染黄色翎毛风扇一份，安置在风扇房内。扇长 54.4 厘米，宽 57.6 厘米，把长 11.5 厘

◎刻有乾隆帝御制诗的水木明瑟太湖石

米。这座西式水注风扇当时被称为"耕织轩水法"。雍正八年
（1730），因水法上的铜轮子、笼子被磨淤，照样再做轮子两
个、笼子一个换安上。该水注风扇，有时也称为澹泊宁静水
法风扇。乾隆二十四年（1759）五月另换新扇，造办处从司房
领用风扇六把，换下原铜羽毛扇六把、紫檀木扇把六件。

　　印月池在多稼轩诸景北侧河池之外，为东西向三间殿四周
围廊，外檐悬雍正帝御书"印月池"匾。北侧的池外三间南
向殿宇外檐悬挂雍正帝御书"知耕织"匾。知耕织内耕种良
田数亩，皇帝在游兴之余，又可关心农桑。

　　水木明瑟殿旁竖立有一峰大型太湖石，镌刻着乾隆帝手书
《调寄秋风清》词。嘉庆帝亦题有《水木明瑟歌》，诗中有云：
"石渠引水来屋里，盈科不息俯清泚。转机运箽凉自生，习习
南薰坐间起。循环无已翻浪花，声戛涧泉溅绿纱。"乾隆九年
（1744），水木明瑟的各主要景物，除风扇房（即水木明瑟殿）
及东北隅四方重檐亭（后改建成文源阁）外，其余均被《日

◎圆明园《水木明瑟》碑拓

下旧闻考》列入映水兰香。

圆明园罹劫后，水木明瑟、澹泊宁静、映水兰香三处遗址尚存，位于多稼轩西侧的假山叠石尤多。乾隆帝《水木明瑟》词刻大型太湖石，今在颐和园东宫门内仁寿殿前西南隅。

买卖街位于圆明园中部，

福海的西侧。

在舍卫城南门外的这条丁字铺面，

为南北长街，

它实际上是同乐园的组成部分。

[第**30**站]

买卖街

买卖街建自雍正初年，雍正四年（1726）在内务府《活计档》中首见"铺面房"字样。雍正六年（1728），"酒馆"内悬挂御书对联一副，雍正七年（1729）做"铺面房"匾悬挂，铺面房就是买卖街。

帝王有时也会向往百姓无拘无束的生活，希望能像一个普通人一样，逛街购物，体味平凡。于是，他们把民间自由活

◎清 沈源、唐岱《四十景图》之"买卖街"

沷的买卖街移植到了圆明园这座宫苑中。

买卖街的两旁商铺林立，是清朝皇帝在圆明园中为自己打造的一座名副其实的 CBD，但凡是民间商业街上有的物品，在这里都可以看得到。货物按种类被分成各个专卖区，这大概是国内专卖店的先驱。

雍正七年（1729）闰七月，铺面房挂有"川流老铺""水玉馆""留春居""远馥斋"御书匾四面。乾隆中叶，舍卫城西南渡口处有座带子铺。乾隆四十三年（1778）修舍卫城铺面拍子十九间。乾隆五十九年（1794），买卖街拆修的店铺有双桥北街东圃香馆楼三间，街西富兴楼三间，后院转角房五间，双桥北街西侧临河茂源号三间，还有酒楼、雀鸟房院内的两座孔雀笼等。舍卫城东西街和双桥南街有嫩绿轩、同盛号、魁元堂、兴盛号、韵古斋、广兴号、聚香斋、德兴号、天祥号、华服斋、居之安、乐婴号、文雅斋、天宝楼、翠云斋、宝华楼、如意渡等店铺。

买卖街上的建筑模仿苏州和绍兴的城市风貌修建，相依相连，连片成街。买卖街给逛街的人提供了便利服务，其货源充足，除了中国制造的国货，还有欧洲和日本的进口货。

开市时候，买卖街的货物大部分由都城各商定明价格，写在本上，付托内监销售。古玩等器由崇文门监督先期于外城各肆中采择交入，卖出去的东西给商人钱，卖不动的物品再归还回去。

而皇帝出价最高，买得也最多，宫眷内监各购其所需。乾隆帝就常常会在这里为自己的妻儿挑选一两件东西作为礼物。买卖街营造得非常逼真，街上店铺掌柜由声音响亮、口齿伶俐的内务府太监充任，顾客等则由宫女和一般太监扮演，营造出叫卖喧哗的热闹场景。

皇帝来临时，太监们更加来劲，驾过店门，走堂者呼茶，店小二报账，掌柜者核算，众音杂沓，纷纷并起。店外的太监也在叫嚣兜售声中破口喧争，有时谈不拢价格，还挥拳打斗。因为买卖街上有许多宫中女眷，王公大臣基本不参与其中，有时遇到皇帝高兴邀请他们前去游玩，也要让宫眷先行退出。

为增加深入民间购物的真实效果，乾隆帝还特意在买卖街中安排了有趣的场面：身手轻捷的太监扮演"小偷"，偷到东西一溜烟就逃跑；也有体型笨重的，怎么也跑不快，就只好被"捕快"当场抓获。这些被抓到的"小偷"不仅要受到街市上人们的讪笑，还要被送往官府公庭审理宣判，责罚惩办；或刺配，或杖责。集市终了，所失之物仍归原主，这一切不过是场游戏。

有时，游戏区中的"游戏"也会变成现实。乾隆三十年（1765）二月初十，舍卫城湛然室文供佛桌上就遗失过一串菩提念珠。

1860年圆明园罹劫时，买卖街被毁。1960年，买卖街遗址被海淀区武装部占用，作为海淀区武装部的仓库，2002年拆迁。

天地一家春位于圆明园正大光明后，
九州清晏东部。

九州清晏是圆明园的帝后寝宫区。

[第 31 站]

天地一家春

据《活计档》记载，高其佩的一幅画作于雍正十一年（1733）十二月收藏在天地一家春殿，这里又被称作山容水态。"山容水态"匾原挂天地一家春后檐前，乾隆四年（1739）正月移至室内，向北悬挂。

据《活计档》记，天地一家春后殿还挂有《多子图》一幅，由徐扬画于乾隆二十七年（1762），这幅画体现了皇家祈

◎清 沈源、唐岱《四十景图》之"天地一家春"

求多子兴旺的心愿。

后妃集中的天地一家春自然会演绎出很多有趣的宫廷故事。嘉庆帝也出生在这里，他曾在嘉庆元年（1796）的诗注提到："予生于乾隆庚辰岁［按即乾隆二十五年（1760）］御园内天地一家春。"（《仁宗御制诗·初集》卷七）慈禧太后入宫之初在圆明园的住处也是这里。

天地一家春正殿"天地一家春"西边的两间屋，曾是慈禧为懿嫔时的寝宫；正是在这里，她开始受到咸丰帝的宠幸。

天地一家春南设宫门，门内有影壁，正殿七间，后殿七间，最后为十五间房，明间皆为穿堂。主院东西两侧还有七八座小套院。皇后寝宫原在西北部，为三间两卷；道光中叶移至西路，该三卷殿改建成为东西两座小院。

◎圆明园 天地一家春烫样（正面）

◎圆明园 天地一家春烫样（侧面）

　　九州清晏以三大殿为界，分为西部和东部。乾隆帝居所在西部，皇后居所在东部。

　　天地一家春最北的十五间房叫"泉石自娱"，此房于雍正七年（1729）挂御书"茂育斋"匾，后又易额"水容峰翠"，至乾隆五年（1740）最终定名为泉石自娱。天地一家春殿西北小院叫"杏树院"。

　　咸丰五年（1855）二月改天地一家春，据中国国家图书馆藏样式雷《九州清晏全样图》可知，咸丰帝各妃嫔的寝居——天地一家春殿穿堂西侧三间是"懿嫔住"，下屋即宫女的屋舍，在南边偏西院里。泉石自娱东头五间分住明常在、英贵人，西边三、四次间住鑫常在，杏树院三间正房住玫贵人，后殿东三间、西三间分住璹贵人和容贵人，又西北东院后正房三间住丽嫔，前正房三间住璹贵人，西院前正房三间住婉嫔，各妃嫔宫女下屋皆在就近南房或厢房。由此可以看出，人物品级不同，待遇也不同。天地一家春各妃嫔寝殿设有床和火炕，铺地毡、床毡、隔断毡及帐幔、褥子等，夏季则铺凉席。寝宫区每年春季还要搭安秋千架。

道光十年（1830），九州清晏发生大火，之后重新修建时对原结构做了改动。1860年圆明园罹劫时，天地一家春彻底被毁。同治十二年（1873）试图择要重修圆明园，此处成为修复重点。翌年七月，因财力枯竭被迫停工。此景有圆明园殿、新建七间殿、天地一家春殿（更名同顺堂）及其东西配殿、宫门、值房等六十余间已基本修建成型。光绪二十二年至二十四年（1896—1898）间，天地一家春仍有多次小型修缮工程，并设首领太监住守。1900年，部分修复的建筑皆彻底毁于八国联军入侵。

九州清晏遗址原为海淀乡畜牧大队所占，2001年已全部拆迁，遗址及整个后湖景区正在进行全面清理。

曲院风荷位于圆明园南部，

紧邻福海，

它的西面是同乐园。

曲院风荷是仿自杭州西湖同名的园林，

由南部和北部组成。

南部由九孔石桥及大片荷池组成，

北部为小型庭院。

[第 32 站]

曲院风荷

曲院风荷始建年代不详，乾隆三年（1738）九月御书"饮练长虹"和"四围佳丽"匾文，次年九月做得油漆匾挂于曲院风荷。

《日下旧闻考》记载：曲院风荷为五楹南向，匾额都是乾隆帝御书。其西佛楼为洛伽胜境。

曲院风荷的外檐挂乾隆帝御书"曲院风荷"匾。乾隆九

◎圆明园 曲院风荷遗址

年（1744）有《曲院风荷》诗，其序为："西湖曲院为宋时酒务地，荷花最多，是有曲院风荷之名。兹处红衣印波，长虹摇影，风景相似，故以其名名之。"诗云："香远风清谁解图，亭亭花底睡双凫。停桡堤畔饶真赏，那数余杭西子湖！"

金鳌玉虹桥为九孔石桥，东西两头各竖牌楼一座，西坊额曰"金鳌"，东坊额曰"玉虹"，均系乾隆帝御书。这座九孔桥是圆明三园最长的一座石券桥，桥下为大片荷池。湖之南侧有座船坞计十三间，时称南船坞，乾隆四十三年（1778）曾拆瓦头停，拆盖前廊。船坞门朝东，船出坞后向东北过高水木板桥，可至福海。该南船坞库房二座五间，乾隆三年（1738）御书匾文，乾隆二十三年（1758）五月将此亭向东挂的"饮练长虹"匾摘下改做黑漆金字玉匾。乾隆五十六年

179

◎清 沈源、唐岱《四十景图》之"曲院风荷"

（1791）拆瓦头停。九孔桥东坊外侧有四方重檐亭，额为"饮练长虹"。桥整体为白色，每个桥孔中间的桥柱上点缀着黄色的虎皮石，桥身微拱，整个桥体显得轻盈、优雅、别致，犹如长虹卧波；水中倒影随波摇曳，更是优美。

洛伽胜境在曲院风荷的西部，二层楼三间，外檐挂乾隆帝御书"洛伽胜境"匾。楼上照背上贴"千亿化身"匾及"香林、觉海"一对，都为乾隆十九年（1754）闰四月御书。洛伽胜境东边有三道竹药栏，乾隆五十八年（1793）曾作拆修。嘉庆帝四次题咏《洛伽胜境》，其中有诗云："南海落迦示灵迹"。落迦（洛伽）亦称普陀落迦，南海落迦实即东海普陀，为佛教四大名山之一。可见，此楼之建，仿自浙江定海普陀山庙制，主尊观音。洛伽胜境的建筑朴素淡雅，岛的西南和东面是土山，流水从四周的小河中绕岛而过，显得宁静幽雅。

曲院风荷西侧河外是"村庄房"，亦称渔家乐，或安乐屯。乾隆三十一年（1766），为安乐屯添做苇墙两道、苇子门两扇等。村庄房前层库房一座三间、西院倒座库房一座两间。乾隆五十六年（1791）拆瓦头停，渔家乐窝铺两座，乾隆五十八年（1793）换苇席拍子。

曲院风荷殿南为五间前殿。乾隆三十三年（1768）及四十二年（1777）曾粘修"曲院风荷棕亭桥"。桥为木板，桥上原建有一座四方桥亭，因亭顶铺棕，称为棕亭桥。棕亭桥北有四间游廊，乾隆五十九年（1794）曾拆瓦头停，拆墁地面。乾隆五十六年（1791）修理"漱芳轩穿堂一座五间"，拆瓦头停，换墁地面。该漱芳轩穿堂似指这五间前殿。

曲院风荷有"东西学堂"各三间，西边库房一座七间，乾隆五十六年（1791）皆遵旨拆瓦头停。曲院风荷东边有库房一座两间，乾隆五十九年（1794）拆瓦头停，拆砌前檐西山院墙，粘修随墙门。西书房后院板房一座三间，同年亦拆瓦头停，粘修支窗。据道光元年（1821）南府《日记档》记载：乾嘉时期，曲院风荷大院为南府钱粮处（管理唱戏用的衣靠盔杂）和太监在园内的居住处，小内学太监则住在村庄房。乾隆末年维修的曲院风荷"东西学堂"及库房、村庄房库房等似与南府太监住用有关。道光十一年（1831），曲院风荷东边值房及小游廊曾不慎失火。

曲院风荷遗址北部岛上原有八户民居，2000 年已全部拆迁。

北远山村位于圆明园北部，
廓然大公在其南面，
南水门关有石刻。

[第**33**站]

北远山村

在北远山村，可望见种植禾谷的田地。北远山村建于雍正后期，旧称北苑山房（北苑山村），有乾隆帝御书"北远山村"匾。乾隆初年，定名为北远山村。

这是一座沿河而建的乡村，在流淌河道的两岸是稻田和质朴的农舍。这里与世无争，远离繁华。雍正十一年（1733）五月，在"北门内北苑山房"西北角响水处建庙供奉雨神

◎圆明园围墙

牌。乾隆七年（1742）御制《北远山村》诗，乾隆帝先后题咏此处九次。乾隆二十五年（1760），河北岸偏西改建成皆春阁等临河群楼，十二月挂御书"皆春阁""涉趣楼"及"水村图""兰野"匾。本年至翌年，乾隆帝御制了《稻凉楼》《绘雨精舍》《湛虚书屋》几首诗作，描绘了园林田园诗般一片祥和的氛围。

北远山村在嘉庆时又称"课农轩"，仿江南水乡，又有王维田园诗的意境。村庄就坐落在一片平畴的田野上，小河由西向东从这里流过。河两岸分布着几家低矮的渔舍，由篱笆围绕，被称为"水村图"和"绘雨精舍"。

绘雨精舍又称绘雨山房，借景江苏栖霞山的春雨山房。据《日下旧闻考》记载：此处在兰野之后，水村图东北，乾隆九年（1744）已有。正宇三间，外檐挂乾隆二十五年（1760）御书"绘雨精舍"蓝字匾。乾隆二十六年（1761）有御制诗，乾

◎圆明园砖

隆帝先后题咏九次。其中《绘雨精舍》诗有云："森森银竹蠹烟空，绘事东皇有独工。乱织素丝非后素，即看红杏是新红。峰峦入咏油云外，蓑笠催耕润野中。记得栖霞驻春跸，山房佳致宛相同"。又云："精舍水村畔，今年宛始游。为欣逢好雨，遂与舣轻舟。真是名相称，适看景正投"。由诗句可知，村外田埂纵横交错，房前屋后种着红花，河水灌溉着农田，黄昏时炊烟袅袅。最东头的小河可以载着船只南来北往，进入这个生机勃勃的田园。

水村图系课农轩东套殿三间，外檐悬乾隆帝御书"水村图"蓝字玉匾。此殿为乾隆后期旧有。据《日下旧闻考》记载：此处在绘雨精舍西南、皆春阁东边。乾隆帝御书联曰："鱼跃鸢飞参物理；耕田凿井乐民和。"它的名字取自《石渠宝笈》中赵孟頫的《水村图》。乾隆帝《水村图》诗云："时雨时晴首夏天，插秧一月早常年。水村佳景胜图画，著我几闲好试船。""白芷青蒲绿水涵，槿篱茅舍学江南。知耕亦复思知织，桑叶初肥好浴蚕。"可以看出，这里的房舍名称都与农事有关，一派淳朴浓郁的竹篱茅舍景象。

北远山村为园内植桑养蚕之地。桑叶稀疏地挂在桑树上，蚕儿马上就要吐丝了，晚归的农夫们扛着锄头，招呼闲谈着……这般世情，让人心生向往。

这里自雍正七年（1729）起养蚕，设首领太监、太监各一人管理。乾隆九年（1744），从园内养蚕民妇中选拨五户去北海先蚕坛当差。乾隆十七年（1752），圆明园蚕户拨往万寿山织染局当差。乾隆二十六年（1761），又令"养蚕蛮子"两户在园内居住，北远山村养蚕抽得蚕丝交织染局应用。

据《日下旧闻考》记载：北岸石垣内西偏为兰野。清室旧藏光绪二十四年（1898）图标此名于石垣内。西南厢房两间。乾隆帝御书"兰野"粉油底蓝字玉匾挂于外檐，室内犹挂"竹林甘露"额。这里以农林田舍为主，西部多稻田和荷池，东部多水景，河流环绕岛屿，呈现出一派田园风光。此地渔舟唱晚，稼轩林立，有如一块安逸的净土，让人忘记尘世的喧嚣。

1860年圆明园罹劫后，尚残存课农轩两卷殿、观音庵及值房等，其后仍有首领太监设坐更值宿看管。观音庵每月朔望仍供干果素烛。

光绪二十二年（1896）奉慈禧太后懿旨，将课农轩等处殿宇"择要量加粘补修理"。到光绪二十四年（1898）八月，课农轩南北岸续修各座房间及水村图等，并准备补盖北远山村番草门楼、角门、屏门、圆光门等。此处于1900年彻底毁于八国联军战乱。

北远山村遗址有居民村落计四十四户，2000年已全部拆迁。

紫碧山房位于圆明园西北角，

两面都倚在园墙边。

这里是一座山地园林，

俗称寒山，地势较高，

是全园的最高点。

溪水来自萧家河，

自西北墙外而来，

流进园内三孔闸。

紫碧山房东侧附属为御用的果园、菜园。

发现·圆明园

[第 **34** 站]

紫碧山房

　　紫碧山房有雍正帝御笔"引溪""学圃"匾文，并于雍正九年（1731）挂起。紫碧山房在雍正十一年（1733）五月做得杉木架黄纸牌位、黄布围桌安放。此处南向宫门有三间，在前有河池并设有码头。过山石磴道为二层宫门三间，外檐悬雍正帝御书"紫碧山房"蓝字玉匾。该二层宫门是在乾隆二十五年（1760）新建并挂匾。

◎圆明园 冬季的紫碧山房遗址

　　乾隆帝先后为"横云堂"题咏十二次，乾隆二十六年（1761）御制《题横云堂》诗云："穿池出馀土，为山凡几篑。事半得倍功，轩堂因迴置。虽无九仞高，颇有横云致。西峰近在望，映带岚霭气。即惬昭旷观，兼饶窈窕意"。游走于山景中，无处不成诗画，乾隆帝将园林与诗画有机地结合在一起。横云堂有前殿三间，前后有廊，堂为歇山顶，外檐挂乾隆帝御书"横云堂"蓝字玉匾。殿前有回廊院，东西叠落游廊各五间，西廊北起第二间向西设有一张宝座。西廊外为山石洞区，西、南皆设洞口，并开两个洞窗。横云堂西山墙外北侧石洞内有踏跺三十级。

　　澄素楼位于横云堂西池上，南向二层三间楼，四围有廊，上层外檐挂乾隆帝御书"澄素楼"蓝字玉匾。楼东有"桥"通至池岸，岸边建二柱"牌楼"一座，东对山石洞口。澄素楼为乾隆二十五年（1760）新建，乾隆、嘉庆帝皆有关于澄素

◎圆明园 紫碧山房遗址

楼的题咏。乾隆帝有诗云："澄素固在溪，而楼适溪上"。"层屋镜中央，石桥接径长。春秋风月趣，上下水天光。澄到尘无处，素仙绘有常"。诗中描绘了激湍于山林间的溪流，在自家园林里邀约友人舞文弄墨，乘兴而来，尽兴而归，何其自在！

"乐在人和"大殿后五间前后有廊，前檐悬乾隆帝御书"乐在人和"粉油底蓝字玉匾一块。此殿就是紫碧山房正宇，内檐挂雍正帝御书"紫碧山房"四字匾。

乾隆二十五年（1760）十一月，造办处"匣裱作"为紫碧山房及皆春阁两处，做容镜二十八面。乾隆二十六年（1761）正月，紫碧山房新建宫殿贴落字画三十张。此殿室内为两层，楼上曾作装修，楼梯设在西次间后部。

乾隆十五年（1750）春，御制《学圃》诗。乾隆二十五年

◎圆明园 样式雷绘紫碧山房平面图

（1760）前后，紫碧山房一处大规模增建房座，并有石洞及开挖河泡工程，至乾隆二十七年（1762）竣工。

景晖楼在东侧土冈上，东西向高台楼，上下各三间，四周围廊，外檐悬乾隆帝御书"景晖楼"蓝字玉匾。此楼为乾隆二十五年（1760）修建。楼前（东）月台上置鼎炉（内侧）、"翘替"各一对，月台东南北三面设砖栏杆十一堂，向南为叠落游廊。景晖楼需要经过一条蜿蜒曲折的游廊通往山顶月台，在山顶的月台上可以凭栏东望园中果蔬。乾隆帝曾多次从园中摘果恭进皇太后，并将园中菜蔬赐给大学士南书房翰林等。

学圃在景晖楼南，西向殿三间有前廊，"学圃"匾悬向西檐楣。此额原为旧匾，乾隆二十五年（1760）"用旧字旧宝旧胎股"改做蓝字玉匾，应为雍正九年（1731）御书。"学圃"之称实为东侧"艺果种蔬"之圃名，正如乾隆帝诗中所云：

189

"学圃缅樊谀"。据清《内务府则例》载，乾隆十四年（1749）二月，紫碧山房栽种果木数株。乾隆十五年（1750）起，乾隆帝题咏《学圃》三次，嘉庆帝亦有相关御制诗三篇。

引溪亭在澄素楼池北部山脊西端。亭为四方单檐，外挂雍正九年（1731）御书"引溪"匾。此亭实为乾隆二十五年（1760）"新盖"。此亭西南下方，正是引溪入园之水瀑所在。

圆明园罹劫后，紫碧山房幸存乐在人和殿、内宫门、五间南更房及东侧顺木天亭。此后，紫碧山房仍住首领太监，并设坐更值宿看守。

同治二年（1863），殿内发生了盗窃事件。失窃青玉山、玉器各一件，及铜炉、铜珐琅方机等物，贼犯被缉拿投狱。

同治十三年（1874），局部重修圆明园时，紫碧山房的乐在人和殿等补安装修。光绪二十二年（1896），慈禧太后还曾游览紫碧山房，并奉懿旨粘修殿宇。1900年，此处殿宇皆彻底毁于八国联军入侵之际，仅原山冈石峰至今犹存。

◎清 青玉老人山子（圆明园出土）

九州清晏与正大光明保持在一条南北轴线上，
其中三大殿分别是圆明园殿、
奉三无私殿和九州清晏殿，
它们合称为"圆明园三殿"。

[第**35**站]

圆明园殿与《皇舆全图》

　　圆明园三大殿以游廊相连，形成两个院落，环环相扣；前临"前湖"，背靠"后湖"。三大殿中，圆明园殿略小，正面为五开间，其他两殿都是七开间的大殿。

　　圆明园殿的屋顶与正大光明殿一样，也是卷棚歇山顶，正上方挂着康熙帝为胤禛题写的"圆明园"匾。扩建前，这里是比"正大光明"更早的圆明园正殿，也是圆明园得名的源

◎清《广舆图》

头。前面临湖处砌着涉水平台，穿过房屋，后面是游廊环绕起来的院落。最后的九州清晏殿，前面是与奉三无私殿相连接的园子，后面则是几间抱厦。

　　圆明园殿共有五间，前后出廊，卷棚歇山，前檐悬挂康熙帝御书"圆明园"三字匾。雍正四年（1726）三月，这座"南所前殿"制做了紫檀木、九龙边、铜镀金字的"圆明园"匾，雍正六年（1728）二月十八日挂。雍正帝楹联为："每对青山绿水会心处，一丘一壑总自天恩浩荡；常从霁月光风怡目时，一草一木莫非帝德高深。"圆明园殿原挂两副对联，乾

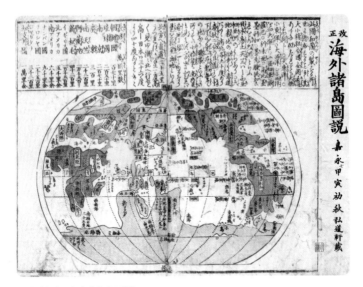

◎清《嘉庆七年海外诸岛图说》

隆二十五年（1760）二月，照大内建福宫紫檀木心铜字匾样式成做，十二月挂。联为："恤小民之依，所其无逸；稽古人之德，彰厥有常。"

圆明园殿虽然比正大光明殿小了不少，但还具有相当规模。圆明园殿内设有宝座，其上额为"恭俭维德"，宝座东侧是金龙。东、西次梢间间隔断门上安毗卢帽，分悬"觉海""仁佑"额，即东、西佛堂。殿前植树八棵，南排为四株柏树，北排外侧有槐树，内侧有柏树。圆明园三主殿的设计布局对称，威严肃穆，具有庄重的气势。

不过，圆明园和紫禁城毕竟不同，圆明园在这些威严肃穆的宫殿之外，有着活泼的园林景观。宫殿的肃穆和园景的诗意同时呈现，体现出古人高雅的审美情趣和精湛的建筑技艺。

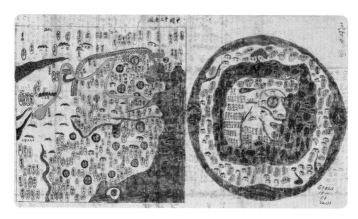

◎ 18世纪朝鲜制《清代古地图》

　　乾隆帝在御制《九州清晏》诗序中写道："九州清晏，皇心乃舒。"意思是说，天下清平宁静，皇帝的心情才会舒畅。"九州清晏"意为九州大地河清海晏，天下太平，国泰民安。

　　乾隆三十七年（1772）六月十八日，查出《皇舆全图》册页原有铜版画一百份，没有托裱册页，写出的清单发出来是在康熙年间。记有旧存斜格《皇舆全图》铜版四十七块，并没有册页。其中旧铜版四十七块，交盛京收藏，雍正年间的方格《皇舆全图》木版一百零五块，随纸图手卷十卷，斜线《皇舆全图》木板三十二块，随纸图手卷一卷，并没有册页。

　　乾隆二十八年至三十一年（1763—1766），画出《皇舆全图》册页，每份计册页八套，共十六套，特意送来，并在圆明园殿存放了一份。《皇舆全图》安放在圆明园殿带着乾隆帝深深的寄托。

福海又名东海，是圆明园的水上乐园。今天，像观龙舟、坐游艇之类的水上游乐项目还都在福海举行。福海正中有三个小岛，象征着古代传说中的蓬莱、方丈、瀛洲三座仙山，被称为"蓬岛瑶台"。

环海而建的其他十几处建筑与海水相依，它们临水而设，简洁恬淡，共同构成了烟雨朦胧的江南景致。这里的大多数景物诸如"雷峰夕照""平湖秋月"等仿西湖而建，而更深处的景观如"方壶胜境""三潭印月"等则更绚丽多彩。我们深入其中，岛上的亭柱在烟云缭绕之间，潋滟的波光映照着浓墨重彩。

平湖秋月在圆明园三园的中心，
位于圆明园最大的湖面福海的西北岸。
它借杭州西湖之景，
景名也相同。

[第**36**站]

平湖秋月

　　雍正七年（1729），雍正帝御制《平湖秋月》诗。平湖秋月有南向三间三卷大殿，东、西、北三面出廊。前檐悬挂雍正帝御书"平湖秋月"匾。此处初建时，前为临水敞榭三间，内为正殿三间，嘉庆时改建成一座三卷大殿。平湖秋月在福海北，四周湖天空阔，景色迷人。月明之夜，人们在此可以看到冰轮冉冉升起，月光倒映湖中，水中明月与空中皓月相

互映衬，令人如醉如痴。此时，倘若驾着小舟荡漾在福海之中，欣赏着福海四周月光下朦朦胧胧的夜景，又是一番情趣。

杭州西湖的"平湖秋月"背倚孤山，三面临水。御书楼前筑平台，构成水轩围栏，有"近水楼台先得月"的意境。

乾隆三年（1738）七八月间，传做御书"流水音""松风阁"匾。乾隆九年（1744），御制《调寄浣溪沙·平湖秋月》，词序称："倚山面湖，竹树蒙密，左右支板桥以通步屐。湖可数十顷，当秋深月皎，潋滟波光接天无际。苏公堤畔，差足方兹胜概。"

乾隆五十年（1785）与五十二年（1787），平湖秋月、松风阁先后修缮。平湖秋月殿于嘉庆十六年（1811）前后改建成一座三间式大殿。

平湖秋月殿东西并列纵标景名"平湖秋月"和"镜远洲"，镜远洲当为此殿内额。嘉庆十六年（1811）正月，首见《镜远洲》御制诗，此后，竟有同名题咏二十五篇，足见嘉庆帝在此殿园居之繁。嘉庆帝《镜远洲》诗云："福海开明镜，澄虚

◎圆明园 福海之夏

接远洲"。

平湖秋月殿内还悬有"蕴和斋"和"知芳书屋"两面匾。蕴和斋为道光七年（1827）前后增额，道光帝有题咏六篇，其中道光九年（1829）《蕴和斋》诗（《宣宗御制诗余集》卷一）为："远峙蓬莱飞画阁，近分林麓隐青峦。松含旭影阴穿户，竹透春光翠映栏"。每逢金秋时节，这里皓月当空，清辉洒遍夜空，福海湖水平静，山影起伏。咸丰五年（1855）中秋之夜，咸丰帝也在平湖秋月月供前念斋。

据《日下旧闻考》记载：平湖秋月正宇之西为流水音。咸丰朝《圆明园匾额略节》说："流水音"匾悬"亭外"。亭为临水四方单檐，乾隆三年（1738）挂御书匾"流水音"，三字原为镀金铜字；乾隆二十一年（1756）奉旨将流水音三字刮金毁铜，仍用旧胎骨做黑漆金字玉匾一块。

松风阁外檐挂乾隆三年（1738）御书"松风阁"匾。圆明园盛期，四月十八日碧霞元君诞辰日在松风阁过皇会。乾隆二十一年（1756）四月十六日，松风阁演会，乾隆帝早膳，办事完毕后，乘船到松风阁看会。

乾隆五十四年（1789）四月十九日，一艘龙舟载着内廷诸

◎清 沈源、唐岱《四十景图》之"平湖秋月"

位公主与皇元孙载锡等横渡福海前往广育宫参拜拈香，刚到平湖秋月，忽遇暴风，大浪差点将龙舟掀翻。

经过平湖秋月事件，萧得禄和刘秉忠各罚总管月银共两年。萧云鹏、张进喜、刘进忠、赵进忠、吴天成均是圆明园总管，都被问责，各罚总管月银一年。内廷船上的首领陈昇遇到大风突来，玩忽职守，致使贝子、格格们受惊，罚首领月银两年。驾船太监王荣兆、张进忠、李喜各重责四十板。御舟首领于文、王进忠明知内廷主位船上驾船太监年纪偏大、船技生疏，而事实上他们并未前往，难辞其咎，各罚首领月银一年。

◎清 陈枚《山水楼阁图》册

　　1860 年圆明园罹劫，此处建筑被毁。1985 年，福海山形水系得到整修，其北岸各处古建基址于 1998 年进行了全面清整。

◎清《十二月令图》轴之"七月"

蓬岛瑶台在圆明园三园的中心，
是福海的中心岛。
它建于雍正初年，
当时称为"蓬莱洲"。

[第 **37** 站]

蓬岛瑶台

雍正帝在圆明园内最大的人工湖中央仿李思训的仙山楼阁画意，建造了大小不同的三个小岛。此处以神话为立意，由一些嶙峋巨石堆砌而成。雍正时叫"蓬莱洲"，乾隆时改名为"蓬岛瑶台"。

蓬岛瑶台的岛门开在南向，划船至岛的南面，从汉白玉石阶处上岸，抬眼便见门上挂匾"镜中阁"。在阁顶有一座塔

◎圆明园 蓬岛瑶台之夏

楼，这是福海中的最高点；登上塔楼，极目四望，福海及周边的景色一览无余。

雍正三年（1725）六月，在镜中阁的亭子上安设了铜凤试风旗。乾隆帝题咏的"相风"即指此物，其诗云："金鸟栖屋顶，旋转验风色"。诗句中的金鸟指的是为古代吐蕃等少数民族报急的使者，也是对飞鸟的美称。从圆明园《四十景图》中可见，圆明园中还有两处安装有铜制试风旗，一处在万方安和对面的十字亭上，一处在慈云普护的自鸣钟上。

值得一提的是，蓬岛瑶台是唯一一处五位皇帝均作过题咏的地方，从雍正、乾隆、嘉庆、道光和咸丰五位皇帝的御制诗可看出清帝们对它的喜爱。圆明园将令人们神往的蓬莱、方丈、瀛洲三座仙山真实地展现在世间，以满足人们拜仙求福、祈望长生不老的心愿。蓬岛瑶台虚无缥缈，时隐时现，仿佛是空中飘荡的楼阁。

岛上庭院中植有两棵高大的松树，其状如龙攀升。坐北朝南的蓬岛瑶台殿是岛上最大的建筑，金脊灰瓦。东边的两层建筑"畅禁楼"、西边的"留春殿"有宽敞的平台，站在上面可供登临，远眺西山峰峦。此处烟波浩渺，影影绰绰，就像

◎清 沈源、唐岱《四十景图》之"蓬岛瑶台"

一座可望不可即的水中仙境，置身其中，犹如置身传说中的神仙境界。沿岸那些清朗疏淡的景物倒映入水，远处连绵起伏的群峰作为一个天然的背景，将眼前的湖光山色一并镶嵌了进去。

雍正八年（1730）秋，一场地震不期而至，圆明园也遭到打击，很多建筑物倒塌。福海成为雍正帝的避难之地。地震当天，雍正帝逃上福海龙舟避难，在船中度过了一整夜。雍正帝将这次地震看作来自上天的警告，连忙发布罪己诏，希望获得上天的宽恕，乞求上苍继续护佑他和他的江山。而福海给雍正帝带来了安全感，这里是他真正的福地。

雍正十二年（1734），雍正帝御制了一首《蓬莱洲咏古》，其中写道："唐家空筑望仙楼，秦汉何人到十洲。尘外啸歌红树晚，壶中坐卧碧天秋。庙堂待起烟霞侣，泉石远看鹤鹿游。弱水三千休问渡，皇家自有济川舟。"泛舟来到宜人的蓬岛瑶台，放眼福海水面，垂柳扶在岸边，晚霞横飞，悠闲尽揽眼

◎圆明园 瀛洲亭

中。这里也寄托着雍正帝求仙长生的意愿。雍正帝多次在福海畔徜徉，每当薄雾初起，水中的小岛若隐若现，颇有东海三仙山的意境。"一池三山"作为园林的意境，使其更富于文化背景，而湖中建岛可使空旷平淡的水面叠加出丰富的层次。在岛上观赏，四周碧波环绕，与外隔离，又可生出尘离俗之念。

1860年英法联军焚毁圆明园时，因船只被烧，蓬岛瑶台位于湖水中央，侵略者无法渡水纵火，此处才得以幸免。但不幸的是，同治九年（1870），蓬岛瑶台却发生火灾而被毁。

这件事就要从同治九年（1870）七月二十五日夜间说起：那夜蓬岛瑶台起火，当时岛上没有太监和园户住宿，福海的芦苇高密，水深无船，在藏舟坞值夜班的太监无法往救，以致火势蔓延。

◎清 弘历《瀛台胜景图》

◎圆明园《瀛海仙山》石刻拓片

　　历经百年风雨，福海逐渐成了一片稻田和藕田。1985年，蓬岛瑶台得到全面整理，补砌驳岸，修东西两座桥，并建造瀛海仙山六方亭和西岛小院。而今残存道光"瀛海仙山"刻石一件。

◎圆明园《望瀛洲亭子戏成三绝句》碑拓

福海在圆明园三园的中心，
位于圆明园的东部，
有着园中最大的湖面。

[第 **38** 站]

福海的活动

据《养吉斋丛录》十八卷记载："园东有东池，雍正间命名福海。"也就是说，福海在雍正时俗称东池或东湖，雍正帝即位后进一步开拓，福海才有了后来的规模。

圆明园园居生活一大优势就是能在水上进行各种活动，皇帝带着皇子后妃们在圆明园内享受着这种生活，其乐融融。水上活动有很多，如歌舞、竞渡、杂技等。

◎圆明园 福海

　　福海由于水面辽阔，碧波浩瀚，长达数丈的龙舟画舫可纵横竞渡。无论天气晴好，还是烟雨空濛，雍正帝游湖都只看心情不看天气，泛舟徜徉，随性而为，或嬉水，或垂钓。而舟船品种也是应有尽有，大小不一，即使银妆素裹的冬季，还有专门滑冰的冰床供皇帝乘坐。

　　雍正时期，每逢良辰佳节，雍正帝便赐王公大臣到福海泛舟或钓鱼。雍正帝在福海的场景，从清院本《十二月令图》"腊月赏雪"与"五月竞舟"两幅中可知。这十二幅图表现了圆明园十二个月的不同节令风俗。它们按春、夏、秋、冬四季的顺序排列。

　　水嬉是汉文化传统中水上游戏的总称，主要包括游泳、赛船和水上杂戏等项目。福海龙舟竞渡是园中最大的水上活动。端午节，又称端午节、午日节、五月节、五日节、艾节，后来逐渐演变成一个驱除瘟疫的传统节日。这天的活动之一就是赛龙舟。赛龙舟是传统的水上活动，主要流行在南方地区，后来逐步流行于黄河流域。明清时期，宫廷也引入了节庆的风俗，圆明园中的赛龙舟也很盛行。

　　从乾隆时开始，每年端午节（五月初五）都在此举行传统

◎圆明园 福海水面

的龙舟盛会。端午那天，乾隆帝先陪同皇太后在圆明园的万方安和进早膳，然后到福海的蓬岛瑶台观看竞渡。据《啸亭杂录》记载：竞渡时"皆画船箫鼓，飞龙鹢首，络绎于鲸波怒浪之间。兰桡鼓动，旌旗荡漾，颇有江乡竞渡之意。每召近侍王公观阅，以联上下之情"。而望瀛洲就是乾隆帝每年端午率王公大臣观阅福海龙舟竞渡之处。届时，龙舟画舫往来游览，一片金碧辉煌。晚上如再燃放烟火，天空水面都会被照得通明。

除此之外，皇帝及王公大臣等还会在湖西岸中部的望瀛洲亭或澄虚榭观阅。澄虚榭主要是嘉庆帝时使用，此处初建时，前为临水敞榭三间，后为正殿三间，嘉庆朝将其改建成一座三卷大殿，使之成为观看龙舟的极佳位置。龙舟经过皇帝观

◎清《十二月令
图》轴之"五月"

阅台时会停留片刻，以示尊重。

　　能随同皇帝一道在圆明园内观看龙舟是莫大的荣耀和恩
宠，随同者主要是大学士、御前侍卫、内务府大臣、南书房
翰林等大臣，有时一些外藩王公和外国使臣也会被特允观
赏。如乾隆十八年（1753）葡萄牙使臣获邀，乾隆二十六年

◎清 金昆、程志道、福隆安《冰嬉图》卷

（1761）容妃的叔父、兄长等获邀随同观看龙舟竞渡。

皇帝和后妃所乘的舫船装饰非常华丽，如"蓬岛游龙""紫霞舟""镜中游""飞云庐""剪江""飞云"，各船上皆有乾隆帝御书之匾。前四面为铜镀金字锦边壁子匾，后两面为紫檀木边黑漆金字匾。而翔凤艇上，乾隆三年（1738）由画院处遵旨画绢画六张，乾隆四十年（1775）该船现贴的张雨森横批画对一副和梁诗正字横批一面，均著换镶一寸蓝绫边。

乾隆帝有诗注曰：望瀛洲为"亭子名，向年坐以观竞渡处"。乾隆二十一年（1756）端午节，五月初一、初四、初五福海斗龙舟，乾隆帝皆至望瀛洲观阅。初一，他独自看演龙舟，初四、初五则率王公大臣同观。

冰嬉起初是为了适应冰上作战而进行的军事训练项目。这种活动同时也保持了满族的习俗，是加强八旗战斗力的一种手段。其中，参加冰嬉的人都是从八旗和前锋统领、护军统

领、训练有素的士兵中选拔出来的。冰嬉以健身习武为尚，皇帝会临视其训练。

　　到了后来，作为训练活动的冰嬉，宫廷内的宫女、太监也参与其中，慢慢演变成一项冬季节令的娱乐活动。每年冬至后，皇帝就到北海、中海、南海等地观看冰嬉表演。进入正月后，乾隆帝一般都在圆明园居住，冰嬉活动于是就移到了圆明园的冰面上。冬日结冰的福海成了一个宽阔的天然冰场。

　　有幅《冰嬉图》描绘了当时冰嬉的场景。图中冰嬉跑道是两个卷云形大圈，每隔一人背上都插有一把小旗，标识"八旗"，不插旗的则背负弓箭，滑行中并做各种姿态，有的单腿，有的倒滑，有的则在滑行中射箭。乾隆帝常奉皇太后一道观看冰嬉。

　　道光以后，内忧外患，龙舟竞渡衰落，但其他园内活动仍不间断。

别有洞天位于福海东南角的山水间。

别有洞天亦称"秀清村"，

建自雍正年间。

那是一处崖秀溪清、亭台错落、环境幽雅的小景。

南出秀清村门，为绮春园；

东出绿油门，则为长春园。

发现·圆明园

[第 **39** 站]

别有洞天

别有洞天北倚山而南临河，五间三卷大殿四周出廊，外檐挂乾隆帝御书"别有洞天"黑漆金字玉匾。此殿为正殿，原为五间一层进深。乾隆十六年（1751）已改建成三卷敞宇，时称秀清村三卷房。

雍正八年（1730）八月，在秀清村安放银耳挖六根。同年十一、十二月间，内务府总管、太医院院使为秀清村领用桑

◎圆明园 别有洞天遗址

柴、铁火盆罩一件，化银用的白炭、红炉炭、好煤等。这些安排，似乎是为了开炉炼丹。雍正帝把这里作为炼丹的场所，真是煞费了一番苦心。

雍正帝整日忙于政务，用现在的话就是典型的工作狂。雍正七年（1729）冬，他居住在九州清晏时经历了一场大病。雍正八年（1730）正月二十四日，工部尚书李永升讲："皇上下颚偶有些疙瘩，已经好了。"由此可知，雍正帝的身体到正月二十五日才逐渐正常，至雍正九年（1731）秋才彻底恢复。

雍正帝病好之后，对祛病延寿丹更加痴迷。他最终还是很蹊跷地去世在圆明园。就在他死后的第二天，新君乾隆帝立即驱逐了秀清村内的炼丹道士，随后又颁下一道谕旨，强调父亲并非死于服用丹药。从乾隆帝对炼丹道士的处理，我们可以看到很多破绽，此举显得有些欲盖弥彰。

到乾隆、嘉庆时，别有洞天成为游憩最频繁的地方之一。乾隆二十一年（1756），乾隆帝在此传晚膳三次，又专程游赏达二十三次之多。别有洞天北侧与福海有小山相隔，青翠高耸的山峰就像一道屏障，形成一张绿色的帷幕，为山后的景

◎圆明园 别有洞天石舫遗址

色平添了几分惹人遐想的神秘色彩。它的东、南两侧也有小丘、林木、溪流与外界隔开，仅仅在西侧土山之间设有一个小城关，真可谓远离尘嚣，颇有三十六洞天的意境。

别有洞天的建设可以总结为"一江两岸"工程，溪流入山后，形成一个瘦长的湖面，这里的建筑就分布在湖水的南北两岸。乾隆帝御书"别有洞天"和"韵松斋"匾于乾隆四年（1739）九月正式挂起。乾隆九年（1744），别有洞天的添建改建仍十分频繁。

乾隆帝《别有洞天》诗序为："苑墙东出水关曰秀清村，长薄疏林，映带庄墅，自有尘外致。正不必倾岑峻涧，阻绝恒磎，罕得津逮也。"诗为："几席绝尘嚣，草木清且淑。即此凌霞标，何须三十六。"嘉庆帝也称"别有洞天"是"景冠

218

◎清 沈源、唐岱《四十景图》之"别有洞天"

御园尘不到"。嘉庆朝除九州清晏寝宫外，圆明三园仅有十一处殿宇冬季准设取暖份例炭，别有洞天（秀清村）即为其一。

别有洞天北面的假山后，还有西山入画和山容水态两座不大的屋舍藏在小径深处，隐没于群山之间。从别有洞天前的小桥走到湖的南岸，下桥便来到水木清华门前，与之相连接的是纳翠楼。水木清华是南岸的主体建筑，正方形三开间，四周飞檐翘起，顶部是一个平台，平台上还有一个别致的小亭。深处这座四坡小方亭内，纵览这一方大地，山清水秀之间，保持着清幽僻静的闲适气质。这里更像一个居无定所的云游仙人，偶尔落脚于深幽的山脚之下。

乾隆三十七年（1772）五月，乾隆帝绘《青云片》手卷一幅，并下令将"青云片"做银片字。时赏斋前大太湖石于乾

◎圆明园 别有洞天《青云片》石刻拓片

隆三十一年（1766）镌刻御题名"青云片"。石上刻勒的乾隆帝御笔诗咏，有《青云片歌》《时赏斋作歌》《新月》等。乾隆三十二年（1767）（丁亥），又有《题时赏斋》《再题青云片》《时赏斋》及乾隆三十五年（1770）（庚寅）《时赏斋》诗共七首。青云片石与万寿山青芝岫石，皆为米万钟从京西大房山采得，欲置勺园，因其巨大难以搬运，弃之良乡，后被乾隆帝所得。

河池南岸西部临水的活画舫有敞屋七间，石砌舫式基座，屋额为"活画舫"。乾隆二十七年（1762）见御制诗，为新建而成。乾隆帝题咏"活画舫"八次。活画舫殿内假门上挂"张廉""嵩龄"画条各一张。乾隆三十四年（1769），如意馆杨大章遵旨另画花卉，将原画条换下。乾隆六十年（1795），活画舫又做全面修缮。坐在活画舫内，纵览这一方天地，即使做不成神仙，也可偷得浮生半日闲，烹茶煮酒，看彩云出岫，远离尘世羁绊。

圆明园罹劫后，别有洞天遗址的山水轮廓仍存。从1985年起，相继整修恢复了山水原貌，归整补砌了活画舫的石舫

◎圆明园 别有洞天《青云片歌》石刻拓片

◎圆明园 别有洞天《时赏斋》石刻拓片

　　基座，清理了古建基址，还在西南部山上原方形遗址处修建了一座四方亭。如今，别有洞天遗址已是一处难得的山水园林佳境。

　　1925 年春，原时赏斋院内的"青云片"太湖石连同底座被运往社稷坛，此石今在中山公园东北，来今雨轩的正南。

　　长春园兴建于乾隆十四年（1749），因乾隆帝少年所居长春仙馆而得名。至于长春园的修建缘起，乾隆帝在诗注中写道："予有夙愿，若至乾隆六十年寿登八十五，彼时亦应归政，故邻圆明园之东预修此园，为他日优游之地。"较之圆明园的庄重，长春园更具休闲游乐的氛围。

　　长春园位于圆明园东侧，北面是两条并行横置的狭长区，东北边是西洋楼。这里有西洋式的楼群和喷泉，也有中式园林的雕塑和布局。郎世宁算得上是跨界艺术家的先驱。他从绘画领域一脚跨入了建筑界，并且走的是现在看来很时髦的混搭路线，即东方情趣会聚西式园林。作为西洋楼景区的总设计师，他的成长环境直接影响了他所创造的园林风格。西洋楼景区作为中西文化碰撞的产物，南边紧临湖区北部，由西向东接连成片，附近有居高临下的泽兰堂，也有以山石取胜、闻名天下的狮子林。

　　长春园中心的淳化轩有挺拔的牌楼，这里是该园最大的一组建筑群。与淳化轩东西两侧临水相望的是玉玲珑馆与思永斋，玉玲珑馆东南有个宁静的港湾映清斋，而思永斋东侧则有精致小巧的花园——模仿杭州汪氏园而建的"小有天园"。

　　长春园最南边是出入的宫门，宫门西边有茜园，东边有如园，如园北边则有鉴园，它们都倚靠院墙临水而筑。各院又根据不同的环境堆山理水，形成了不同的风格。

　　然而，乾隆帝执政六十年，"归政"后仍旧"训政"，并未像他原来设想的那样在这座长春园里颐养天年。

谐奇趣位于长春园的北部，

紧邻圆明园东北角的五孔闸出水口边，

是一座西式喷泉建筑。

［第 **40** 站］

谐奇趣

乾隆十二年（1747），开始筹划谐奇趣建设，由西洋传教士郎世宁、蒋友仁设计。乾隆十六年（1751）秋季正式建成，并挂乾隆帝御书"谐奇趣""涵清虚"匾。嘉庆帝看到富有异域风情的建筑后，为此写下《观谐奇趣水法》一诗："连延楼阁仿西洋，信是熙朝声教彰。激水引泉流荡漾，范铜伏地制精良。惊潮翻石千夫御，白雨跳珠万斛量。巧擅人工思远服，

◎长春园 谐奇趣遗址

版图式廓巩金汤。”

谐奇趣是西洋楼景区最先建起的一座建筑，由西式洋楼和喷泉组成。谐奇趣为主楼，坐落在华丽雅致的汉白玉台基上；整楼有三层，中层为七间，即水法大殿三间，东、西平台楼各两间。楼顶是庑殿式，覆盖紫色琉璃瓦。欧式门窗上镶嵌着彩绘玻璃，窗口为砖石刻花，美观大方。整楼坐落在汉白玉台基上，显得宏大、壮观。皇帝当年可以在二楼中层平台上，居高临下俯观喷泉水戏。

谐奇趣楼前是半月形两层平台，上层平台有一对十分生动的西洋石狮。主楼前方两翼各有两层五色琉璃八角楼亭。游廊将它们与主楼连接为一弧形，环抱着楼前的喷水池。欣赏水池中的喷泉水戏，也可随着甬路前进，近距离观赏。

◎长春园 谐奇趣后的喷泉遗址

◎长春园 谐奇趣主楼前喷水池（金勋绘）

　　谐奇趣楼前，通过石台阶可下到前后院。前面台阶下有甬路环于喷泉水池，亭廊相通，环抱大型海棠式喷泉池。楼后有一处小型菊花式喷泉池，这里的人工喷泉在当时被俗称

为西洋水法殿、水法房或水法处，又称西洋楼。谐奇趣水态万千的喷泉一起喷水时，整个宁静的后院顿时充满生气，令人有踏入仙境之感。

乾隆十五年（1750）三月，造办处为水法（即喷泉）池做铜鹅、铜鸭，十一月为水法处的水池岸边铸造铜兽。据清代档案记载：谐奇趣前的大型喷泉池的中心有西式翻尾石鱼从嘴中喷射水柱，石鱼东西各有一只铜虾、一座小型喷水台，水池北部设有铜鹅，池南和东西沿岸分有铜羊、铜猫等，都从口中喷水入池内。喷泉池北的两角，还各有喷水的"瀑布"。谐奇趣北边的喷泉池内，由四只铜鱼、四个小喷水塔组成三层喷泉机关。这些人工喷泉，都需要水源供水。

谐奇趣喷泉由供水楼供水，供水楼俗称西蓄水楼，或西水车房。蓄水楼东向，由五间楼北连平台房三间组成。这里的水由北侧三孔的进水闸暗洞，经过引导至楼下平台房内，用

◎长春园 谐奇趣南面铜版图

◎长春园 谐奇趣北面铜版图

◎长春园 蓄水楼东面铜版图

◎谐奇趣的铜树叶（长春园出土）

骡子拉动水车，向楼上提水，后因水车轮盘不时损坏，于是在乾隆二十八年（1763）改为人力，后又改装辘轳，雇夫役用大罐打水，提水至楼上蓄水池，在蓄水楼的作用下，供给谐奇趣楼前楼后及养雀笼各个喷泉处。

嘉庆三年（1798），嘉庆帝《谐奇趣》诗云："运水由楼顶，发机务审详。周流虽尽妙，渗漏亦须防。波浪千层叠，珠玑万斛量。纡回伏脉远，灌注溯源长。浩浩尽归壑，涓涓始滥觞。观澜奇趣会，至理即包藏。"

1860年圆明园罹劫后，这里还有巡更太监在值房监守。谐奇趣蓄水楼的管道，同治时期还有幸存。

之后，谐奇趣蓄水楼成为废墟，1987年在原址复位。谐奇趣等处遗址于1992年全面清运渣土，并归位部分石件。

方外观位于长春园的北部，
西洋楼中部，
地处养雀笼与海晏堂之间，
它与海晏堂都是同期所建。

[第 **41** 站]

方外观与香妃

　　乾隆二十一年（1756）四月，郎世宁绘制谐奇趣东边西洋式花园样小稿（平面设计图），照样准做，交圆明园工程处成造。乾隆二十二年（1757）七月，蒋友仁的"新建水法仪器样"，照样准做，由造办处匠役随蒋友仁依样成造。至乾隆二十四年（1759）闰六月，长春园的这座西洋式花园正式竣工。

　　方外观是坐北朝南、两层三间的西式楼房，开始称为"新

建水法殿三间楼",简称"水法三间楼";"方外观"的叫法最早的名字是在铜版图样上出现的。覆中式殿顶的西式建筑与谐奇趣相似。从当时的方外观正面铜版图看,它与现今很多小洋楼的样式有些相似。全楼由四根巨型石雕方柱构架,从楼外左右两侧的环形石梯可登楼入室。

方外观为南向两层三间西式楼,匾挂在内檐。下层明间券门带平台式门罩,两次间为椭圆形石券窗,楼上三间向南皆为石券花窗,东西山墙设角门,可从楼外左右环形石梯登楼入室。楼顶为重檐庑殿式。

乾隆二十一年(1756)十一月,郎世宁为新建水法西洋楼各处棚顶、墙壁起草通景画稿,次年五月先画"三间楼"的棚顶和周围墙壁上的通景大画。乾隆二十四年(1759)十月,又传旨三间楼下周围墙与棚顶皆画西洋通景画。楼上还设有西洋山式陈设两件,紫檀木座。方外观楼下原有镶瓷玻璃挂屏一对,后又换成广东所进大玻璃挂镜。乾隆二十六年

◎长春园 方外观遗址

（1761）四月，郎世宁在楼下西进间东墙一面，用苏州织造的白毯子，照原挂西洋毯仿画。楼下东间设有一面西洋借光镜（亦称射光镜），其北边设有龙凤水法。

方外观楼前有一座五孔束腰西式石平板，跨桥向南折而西为西式八角亭，再西即为养雀笼（西洋门）。据《十八世纪耶稣会士所做圆明园工程考》记载，方外观一度被乾隆帝改成香妃做礼拜的清真寺，室内安放着两块刻有伊斯兰教经文的石碑。这两块石碑今已不存。

香妃又称容妃，来自新疆阿克苏，是一名维吾尔族女子。据说她进宫后仍保持着新疆维吾尔族妇女的习惯，头上喜爱佩戴沙枣花，身上散发着一股浓郁的沙枣花香，所以被人称为"香妃"。

◎长春园 方外观正面铜版图

　　香妃——这个带有浓厚传奇色彩的女子同一国之君乾隆帝的浪漫爱情是后人八卦的话题。这里，我们要说的却绝不是八卦，而是一座圆明园中与她相关的曾经真实存在过的建筑。

　　乾隆二十四年（1759），谐奇趣旁添建了一座小宫殿。鉴于维吾尔族的香妃嫁入皇室之后一直保持着自己的生活习惯和宗教习俗，第二年，乾隆帝将这座宫殿改建为清真寺，专门用来给香妃做礼拜之用，这座宫殿就是方外观。乾隆帝用实际行动证明了爱情不分肤色，不分信仰。

　　方外观中举办的仪式极为隆重。这个远嫁异乡的女子，不仅是一桩政治婚姻的当事人，还因为乾隆帝的恩宠，充当了一回宗教文化交流的使者，这大概也是她本人不曾想到的吧。

　　从方外观一层走出，门前两旁砌着汉白玉扶栏，清澈的小河蜿蜒绕过。河上的石桥通向对岸，那里有五座竹制小亭，顾名思义，那就是"五竹亭"。这些亭子与方外观南北相望，长廊将它们连接起来。整个亭身用上好的湘妃竹编织而成，五光十色的宝石和形状各异的贝壳镶嵌在竹子上，显得华美无比。多情的皇帝当年就守候在这个风雅的地方，等待着在清真寺里做礼拜的爱妃。

　　院落的东西两边分别有一座花台和一个八角亭，这里虽按照南北中轴规划，但是轴线上的建筑物却完全不同。弯曲的河流也打破了对称的僵硬感，显得活泼自然，营造出一派自然天成的美景。

　　今天，在方外观遗址上仍可看见西边坍塌的楼梯呈弧形卧于地上。楼房下有门斗，站在这里可东望壮观的海晏堂。楼前的石桥栏杆雕刻精美，楼房四角的断柱至今仍然屹立在那里。

◎清 郎世宁《香妃肖像》轴

海晏堂位于长春园北部，

西洋楼的中部，

远瀛观的西侧。

它的整体建筑为东西向的矩形，

坐东朝西，

由主楼和后面的"工"字形蓄水楼组成。

这里有西洋楼中最大的一处喷泉群，

整体建筑富丽堂皇、

气势宏伟。

[第 **42** 站]

海晏堂

乾隆二十四年（1759），海晏堂基本建成，俗称水法殿；乾隆四十六年（1781），挂"海晏堂"额。此景取名"海晏堂"，寓意海内安定，天下升平。

海晏堂正楼西向，楼下室内挂乾隆帝御笔"海晏堂"玻璃心西洋式花纹金花边横匾（匾心为锡玻璃）。

海晏堂上层，三明间门罩上冲，天花栏杆建琉璃番花葫芦

◎长春园 海晏堂遗址

顶，南北次间、梢间为石刻券口窗，南北两翼楼设花窗，为方亭式屋顶，脊筒为黄色琉璃番花。下层南北两翼为平台小屋，上建石栏杆。海晏堂全层正中均为水法大殿，楼下明间有西进间，还有楼后三间殿。

　　主楼后的工字蓄水楼外部造型高雅大方，南北有两座八角形喷水池。工字蓄水楼东西两头外观为二层楼，实为提水用的水车房，中段平台楼下是一座大型海墁高台，台上是蓄水池。东门有盘旋石梯登楼，水从北侧暗沟导入东西楼下地沟内，经人工提水至楼顶池内，尔后再用铜管输水下注至东西各喷泉机关。楼里供水的蓄水池足以供应海晏堂和大水法的喷泉用水。为了防止水从砖墙渗漏，整个池身周围用锡板包裹，所以它又被称为"锡海"。这是蒋友仁充分运用水动力知识发明的机械运水装置。可惜的是，这种被称作"龙尾车"

◎长春园 海晏堂遗址

◎长春园 海晏堂遗址（东侧）

的高科技在乾隆三十九年（1774）蒋友仁病逝后就此失传。水池平时闲置，只有皇上游园时才由大太监指挥众人人力提水，开闸喷泉。

楼门前从阳台到地面砌着弧形的石台阶，台阶层层叠落，环抱着楼前的大型喷水池。台阶两旁的墙上安装着喷泉，水从这些喷泉口笔直地向上喷出，排列整齐的水柱又自然下落，按阶梯分列，围绕在水池周围，形成一排排的水晶小瀑布，流入楼前的喷水池。

喷泉池呈菱形，池中心有座圆形铜水塔，池西沿左右有两

◎长春园 海晏堂西面铜版图中的十二生肖

座西式八角鼎炉，水池南北外侧还分别建有半圆形内斜式的泄水池。喷泉池的东沿正中放置着一尊巨型石雕贝壳形番花，其内安装涡轮喷水机。

楼前的水池两边呈"八"字形排列着十二生肖。在海晏堂前的石贝下方，八字形高台上，南侧由内而外依次为鼠、虎、龙、马、猴、狗，北由内而外依次为牛、兔、蛇、羊、鸡、猪。十二生肖兽首选材为精炼红铜，经百年而不锈蚀，被时人称为"水力钟"。这些肖像皆兽首人身，头部为铜质，身躯为石质或铜制，中空连接喷水管，每隔一个时辰（两小时），代表该时辰的生肖像便从口中喷水。子时（23时至次日1时）时分，鼠首铜像口中喷射水柱；丑时（1时至3时）时分，牛首铜像口中喷射水柱。正午时分，除马首继续喷水外，其他生肖铜像的口中也一齐喷射水柱，蔚为奇观。这十二个生肖就是十二个预报时间的喷泉，人们只要看到哪个生肖头像口中喷射水柱，就可明了当时的时间。

海晏堂的建筑物华丽壮观，装饰豪奢，这里不仅有最大规模的欧式建筑，还有这些设计精巧的报时生肖"水力钟"。

◎长春园 海晏堂西面铜版图

◎长春园 海晏堂东面铜版图

◎清 郎世宁《乾隆帝大阅图》

◎长春园 海晏堂的马首

十二生肖兽首的制作工艺非常复杂。首先用宫廷精炼的铜铸就外形，再施以錾工，即用小锤子一点点敲出生肖像的皮毛、皱褶等，这些生肖铜像身躯为石雕穿着袍服的造型，头部铸工精细为写实造型，兽首上的绒毛等细微之处清晰呈现。清帝中，康熙帝与雍正帝都属马。马首生肖铜像位于喷泉南方，炯炯有神的眼睛、微张的马口、轻伏后面的耳都惟妙惟肖，制造异常精美。

2019 年 11 月 13 日，圆明园马首铜像捐赠仪式在国家博物馆举行。马首由澳门商人何鸿燊先生捐赠，现已划归圆明园管理处收藏。

这些铜兽首是清代青铜器中的精品。它们的设计者虽是西方人，但其本身却是中国制造。因此可以说，这十二生肖铜兽首融东西文化于一身。

圆明园罹劫后，海晏堂蓄水楼的海墁高台至今仍巍然屹立。

海晏堂十二生肖兽首现有三尊存于法国和我国台湾。牛首、虎首和猴首三件国宝已于 2000 年 5 月由中国保利集团从香港重金竞拍回京。猪首也已于 2003 年由保利集团从美国一私人收藏者手中购回。

线法山位于长春园的北部，

西洋楼东部，

地处狮子林的西北角，

由圆形土丘、西式亭及山下东西牌楼门组成。

"线法"即西洋焦点透视法之意。

[第**43**站]

线法山

所谓线法山，其实是利用凿园挖池的土，堆成的一坐人工小山。山形为椭圆形，山顶建一座双檐八角石亭，盘山环绕着"之"字形道路。山虽不高，但山路建造得迂回曲折，路两边砌着黄绿色琉璃矮墙；路面宽 5 尺，这个宽度恰好可以让乾隆帝随心所欲，想步行时步行，想骑马时骑马。此地俗称"转马台"，又称"跑马台"。

◎长春园 线法山遗址

    山上建有一座双檐八角四券西式亭，在此向西，可俯瞰壮丽的欧式楼阁和喷泉景观，向东可远眺西方风格的街市民居风光。

    线法山西门有四柱三间西洋牌楼门，明间为圆券式大门，两次间为方券式小门，上檐有五色琉璃番花顶七件。

    线法山的第一、三、五圈是东西开口，第二、四圈是南北开口。矮墙之间形成之字形上山蹬道。人们上山循着之字路辗转反复才能到达山顶。山虽不高，却给人一种山高路远之感。从观水法东望，线法山上的行人由于矮墙的遮挡只能看到上半身。虽然观水法与线法山仅百米之遥，却给人一种山远人小之感。

    线法山顶的西式亭子上既可休息，又可眺望四周景色。亭中西望，大水法美丽壮观的喷泉尽收眼底。北望园外是一派田野风光，东望可欣赏线法画上的异域风光。优美的画卷倒映水中，山水相融，亦真亦幻。

    线法画最大的好处是可以随时更换，无论威尼斯的水乡风光，还是江南的田园风光，只要换一换墙上的画卷，就如同穿越时空般置身其中。多情的君主为了抚慰爱人容妃的思乡之苦，将容妃故乡阿克苏城的风景绘制成线法画，使得她坐在线法山的石亭中就可以欣赏到河对岸的新疆风光。

线法山的正门是一座三个弓形的凯旋门，时称"螺蛳牌楼"，它的造型比西门生动活泼。三个门券的顶部装饰不同，中门券顶上是石刻军鼓，军鼓之上为左右交叉的六面军旗，其间立着一个甲胄顶尖。两边门券上高耸着六角双檐雕刻，其技艺之精湛令人惊叹。门的左右有荷花池，旁边有假山树林。

今天立于线法山下，看着之字形道路的清晰遗迹，我们似乎又听到了奔跑的马蹄声。一些太湖石依旧沉静地躺在那里，等待有一天人们将它们唤醒。

圆明园罹劫后，这里成为废墟。1933年，地方当局在线法山上修建哨所三间，派驻警察四名，负责看守园内遗物。如今，除土丘外，仅见西门少量石雕残件和东门一些坍塌的假山石。

◎长春园 线法山螺狮牌楼遗址

◎长春园 线法山东门铜版图

◎长春园 线法山正面铜版图

◎长春园 竹亭北面铜版图

思永斋位于长春园的西南部，

茜园对面的小岛上，

东临含经堂。

乾隆十二年（1747）基本建成。

[第44站]

思永斋

　　思永斋的建筑位于一条南北中轴线上，南部是方形建筑，北部则是圆形建筑。正南临水处是五开间的宫门，宫门前的平台是从水路入园的码头。思永斋宫门额是"静便趣"。门殿五间，南临水，设码头，宫门两外侧另有东西角门，供官员、太监出入。宫门内东西配殿各三间，配殿外侧有东西城关。

　　乾隆十二年（1747）秋，挂"思永斋"匾，思永斋坐南朝

◎长春园 思永斋遗址

北，是一座"工"字形的大殿，分为前后殿，前殿七间，后殿五间，中间是三间穿堂。穿堂东西侧对称地建有"槐荫轩"和"朗润轩"，其建筑风格颇有宫殿风韵。

思永斋外檐挂乾隆帝御书"思永斋"黑漆心铜字匾，内额"万横香玉"，其楼上挂"月影溪声"匾。清代皇帝的审美情趣深受儒家思想的影响，他们的感情被投放到本来没有思想的山水景物中，并融入了这种审美观，具有内涵的花木也大量被采用。思永斋前以玉兰花著称，乾隆三十三年（1768）御制《思永斋咏玉兰》诗（《高宗御制诗》三集）有云："一株香满院，万朵静迎窗"。最小的园景，规模虽小，布局却最有趣味。

据《清代院画》记，乾隆十二年（1747），郎世宁为思永斋穿堂内壁上画两幅通景画，并为思永斋走廊的棚顶柱子起稿装饰画。乾隆二十三年（1758），此处戏台还挂有一幅在乾隆十三年（1748）由郎世宁起稿的通景画。

乾隆二十三年（1758），借景杭州西湖汪氏园，在思永斋东侧别院建成小有天园。小有天园是杭州西湖南岸的一座汪氏深谷里的房屋，乾隆帝首次南巡时赐名小有天园。

乾隆二十九年（1764）御制《小有天园》诗（《高宗御制诗》三集）云："叠石肖慧峰，范锡写壑庵（西湖小有天园旧名壑庵）。分明虚窗北，宛似圣湖南。缩远以近取，收大于小含"。小有天园以叠石、喷泉为主，小巧玲珑。

小有天园的景，以假山叠石和流水飞瀑构成，辅以紧凑的宫殿楼阁；如同它的名字一样，虽然小，却有如天赐良园，精致风趣。而小有天园这一座精致的花园，规模虽小，布局却最有趣味。

思永斋正北是个"鱼池"，正圆形的鱼池被游廊围住，取名"迎步廊"。迎步廊是东西向穿堂的八角形游廊。据清代档案记载：乾隆十二年（1747）原挂"怀古欢"匾，乾隆二十七年（1762）易为"迎步廊"玉匾。游廊尽头即园林的最北部，立着一座坐北朝南的阁楼，叫作"山色湖光共一楼"。它是"小有天园"的制高点，也是从乾隆到咸丰时帝王们颇为喜爱的地方。

思永斋这里如归隐，简单来说，看见一花一木，都拿来跟自身比一比，这种比较当然不是比美，而是从自然物上找出一些形态特征，人为地，赋予它性格，然后与自己的性格相互观照。比如仁者乐山，智者乐水，欣赏风景的同时，还不忘自律自省。这里是归隐的好去处呀！

现今的思永斋遗址仍存多处古建基址和叠石，鱼池轮廓尚在。

◎长春园 思永斋遗址

鉴园位于长春园的东部，

南侧有七孔板桥与如园相连，

此桥于乾隆五十九年（1794）做过修补。

发现·圆明园

[第45站]

鉴园

鉴园西临长湖，倚靠院墙临水而筑，北侧为长春园大东门，亦称东楼门，清帝去承德、东陵和盘山多由此门出入。这是一处园中园，根据不同的环境条件，叠山理水，形成不同的风格。

鉴园为西向，临湖有五间房，外檐挂"鉴园"额。它基本建成于乾隆三十二年（1767）夏，次年二月见鉴园称谓。乾

◎长春园 鉴园遗址

隆帝御制《鉴园》诗云："如园至鉴园，盖弗劳数武。因各据殊胜，异名称其所。是处水周遭，楼台镜中睹"。由此可知，圆明园的鉴园借景于扬州的趣园。趣园原为盐商府第，乾隆帝六下扬州时曾四次前来游览，园名"趣园"也是乾隆帝钦赐。瘦西湖风景区内还保存着乾隆帝所题御碑"趣园"半块。残碑原为双面碑，留存的"趣""园"两字恰好分别在正背两面。

鉴园内种植有各类树木数百种，乾隆三十二年（1767）同月有《乐性斋》《师善堂》《开益轩》《芳晖楼》《漱琼斋》以及《绿净榭》等景御制诗，时年还修建了鉴园殿宇、游廊、装修油饰等。《履园丛话》中写道："造园如作诗文，必使曲折有法，前后呼应；最忌堆砌，最忌错杂，方称佳构。"古代

◎长春园 鉴园遗址

园林又被称为"文人园"，大概就有这个意思。

　　芳晖楼在南向楼外檐挂"芳晖楼"匾。此楼西次间窗户四扇，乾隆三十三年（1768）二月安玻璃两块，殿内窗户又续安玻璃。楼前牡丹颇有名气，同年乾隆帝御制《芳晖楼对牡丹作》诗，其中有云："阳牖糊蚕母，前墀植鼠姑。春晖真惬爱，芳意永清娱"。乾隆三十二年（1767）六月，鉴园摆紫檀木边玻璃插屏一对，背后着方琮画山水画两张。乾隆三十四年（1769），鉴园西间殿内门上换挂杨大章花卉画条一张。同年，鉴园静室供佛屋内床上北墙贴乾隆帝御笔字横批一张，与西墙门匾上口取齐。鉴园内的陈设与植物，让乾隆帝充分享受到了文人的乐趣。

　　漱琼斋在鉴园北院，南向大殿五间，后接抱厦三间，外檐悬匾"漱琼斋"。此殿西、北两面临水。乾隆三十三年（1768），殿内东西梢间北板墙上，四月如意馆于世烈等奉旨绘

◎ 1993 年，鉴园的香炉残件（长春园出土）

制线法画两张。

　　绿净榭在南部船坞西侧，西向楼十四间，前接敞厅抱厦三间，内檐悬额"绿净榭"。乾隆三十八年（1773）曾为此榭楼上楼下画得线法大画十五张。乾隆五十六年（1791），绿净榭楼后檐墙船坞一座十三间、北山游廊一座五间均进行大修。这表明绿净榭楼与其后檐墙的船坞应是前后相属的同一座建筑物。

　　鉴园船坞是长春园仅有的一座船坞，主要用于停泊帝后御用的大型画舫。如乾隆十六年（1751）御书额者"剪江"（或是"飞云"）船，嘉庆十四年（1809）题咏者"青雀舫"及"安济航"等。

　　圆明园罹劫后，只余船坞基址，现已被清理了出来。

泽兰堂位于长春园北部，

地处含经堂湖对面正北的阳面山坡上，

山北就是著名的远瀛观、大水法。

泽兰堂是一处古典园林，

这里叠石自然，

以山石取胜。

[第**46**站]

泽兰堂

《翠交轩八韵》御诗于乾隆二十六年（1761），做紫檀木雕龙边玉字诗堂匾。翠文轩前石室洞门石刻御书"熙春洞"匾，附近还有一峰石刻"春云片"。石室两侧有东西高台配殿各三间。翠交轩前的乾隆帝御笔"熙春洞"石匾在圆明园罹劫后曾流散在外，今已收回。

长春园首幅挂起的匾为"爱山楼"。爱山楼内的翠交轩于

◎长春园 泽兰堂遗址

乾隆十一年（1746）九月挂"履信思顺"额。爱山楼上下层各五间，乾隆十一年（1746）六月外檐挂御笔"爱山楼"匾，原为彩油匾，乾隆二十二年（1757）改作黑漆金字。爱山楼的楼上和楼下内额分别为"天风海涛"和"山静云闲"。乾隆三十二年（1767），楼下挂如意馆李秉德画斗一张。楼下西梢间后檐在乾隆四十三年（1778）开桶样门一座，安有油饰板门。爱山楼前东南三间屋宇，外檐悬"松石间意"匾。

环碧亭是爱山楼西南的四方亭，外檐悬挂御书"环碧亭"彩油匾，西临山间流水的狭窄小溪。乾隆二十九年（1764）御制《环碧亭》诗："叠石为绮峰，激泉为布水。夷峻置小亭，四柱奇无比。礛礲罗其外，淙泓带其底。疑入万壑�，安知

◎长春园 泽兰堂石桥遗址

一园里"。这里最为精妙的是小溪，独有的瀑布水涧中泉水飞流，形成一条弯弯曲曲的小溪，溪水时宽时窄、有开有合。溪中奇石峭列，水流从山上跃下，遇见奇石，激荡有声，又分成几股而下，潺潺的山水清音是大自然最美妙的琴乐。

乾隆十二年（1747）八月，一次性悬挂了御书匾额"爱山楼""翠交轩""浮玉""素怀""环碧亭"和"松石间意"。最北端的泽兰堂、理性居为乾隆二十四年（1759）与西洋楼大水法共同添建而成。乾隆五十年（1785）翻修爱山楼殿宇、亭座、游廊。道光十五年（1835）七月，拆去泽兰堂前的理性居和东西回廊，而游廊改为巡杖栏杆，两侧改为包山墙。

泽兰堂为新添建，在乾隆二十四年（1759）正月有御制诗。这座建筑高台大殿五间，外檐挂"泽兰堂"三字匾。内额"神观萧爽"是乾隆二十六年（1761）由苏州织造承做的壁子匾。泽兰堂前后都有游廊与月台；其明间为穿堂式，并设面北三面宝座床和面南宝座床，乾隆五十二年（1787），令铺红猩猩洋毛毡四块。

清帝可在观水法南侧山上的泽兰堂殿内观览西式喷泉，还可沿级而下，通过巴洛克式门拱，进入西洋花园。乾隆六十年（1795）正月御制《题泽兰堂》诗云："书堂号泽兰，朴斫谢青丹。芸帙堪永日，藤窗避薄寒。芜情报韶意，水法列奇观。洋使贺正至，远瀛合俾看。"由此可见，乾隆帝接见荷兰国来使的时候，曾邀请其欣赏了远瀛观水法。

作为长春园主要书堂的泽兰堂，其中收存着乾隆帝《重刻淳化阁帖》和《西洋楼铜版图》各一套。在浓厚的诗画氛围中，它直接反映了园主的文化修养。游走在其中，无处不成诗画。

泽兰堂南部现在还残存许多剑石。

狮子林位于长春园东北角，

东侧为长春园东门。

狮子林由东西两部分组成。

西部丛芳榭一带于乾隆十二年（1747）基本建成；

东部是在二十余年后仿苏州的狮子林而建，

其工程由"吴工肖堆塑，燕工营位置"，

乾隆三十七年（1772）建成。

发现·圆明园

[第47站]

狮子林

　　乾隆三十七年（1772）四月，乾隆帝有御制《狮子林十六景》诗，并多次题咏近十次。这座狮子林青出于蓝而胜于蓝，虽是借景而来，但在园林的堆山造诣上，更有深邃的艺术表现。

　　狮子林北靠小山，地势得天独厚。整座园林十六处分别为：狮子林、虹桥、假山、纳景堂、清闷阁、藤架、蹬道、占峰亭、清淑斋、小香幢、探真书屋、延景楼、画舫、云林

◎长春园 狮子林遗址

石室、横碧轩和水门。西半部主要是由建筑来引景，东半部则是用起伏的叠石假山来布置自然景观之势。

苏州织造舒文于乾隆三十六年（1771）四月送来苏州狮子林全景烫样（模型），至乾隆三十七年（1772）仿建工竣。这一年，乾隆帝作《狮子林》诗，诗序写道："狮子林之名，赖倪迂（按指倪瓒即倪云林）图卷以传。此间竹石丘壑皆肖其景为之，冠以旧名，志数典也"。明确了该处景观以苏州狮子林为蓝本，同时又参照了元代倪云林所画的《狮子林图》，借鉴了倪云林老家无锡山庄的景色。

乾隆帝第六次南巡时发现的苏州狮子林，实际并非倪瓒的

◎长春园 狮子林敬修斋遗址

别业。所以，乾隆帝又有诗云："初谓狮林始自倪，谁知维则早拈题。"诗中介绍了苏州狮子林是元代僧人维则为纪念他的老师中峰和尚（即普应国师）而建，为此还修建了"菩提正宗寺"，园林只是寺的一部分。

据苏州民间流传的故事说：宋朝的时候，宋仁宗赵贞聘请中峰和尚为国师，而国师的坐骑就是一头狮子。原来，天目山的一块像狮子的岩石因常听国师说法，通灵后，一变为神狮，成了佛国神兽。国师常骑着它到各处游历传教。一次，国师骑神狮来到苏州的普提寺见徒弟天如法师（维则），普提

◎长春园 狮子林水兽

寺中有许多状如狮子的怪石，神狮看到后以为自己回到了狮子群中，高兴得就地打滚现了原型，于是变成了园中最高的峰狮子峰；狮子身上散落下来的毛变成了千姿百态的大小石狮，并围着神狮向它顶礼膜拜。此后，这座寺的名字就改为"狮子林"。

传说归传说，苏州狮子林中太湖石垒成的假山的确很多，并且姿态各异。神情迥然的石狮子大小不同，或起或伏，各个活灵活现，栩栩如生。用太湖石垒成的假山之间，古树枝丫交错，山下石洞高低上下，犹入迷宫曲折盘旋，变化无穷。除假山石外，狮子林还有小巧精致、古色古香的建筑；它们依山傍水参差错落，而游廊与之联结，趣味无穷。狮子林又因画家倪云林绘制的《狮子林图》而名闻天下。

乾隆帝先是在承德避暑山庄仿建了一个"文园狮子林"，可还觉得不过瘾，又在圆明园的长春园内建了一座"狮子

◎长春园 "狮子林" 石匾拓片（正面）

◎长春园 乾隆帝《壬辰暮春月御题诗》石匾拓片（背面）

◎长春园 乾隆帝《乙亥仲夏中澣御题诗》石刻拓片

林"，这样就形成了中国园林"三狮鼎立"的局面。就园林艺术而言，长春园中的"狮子林"是三园之冠，它地势开阔，坐北朝南，不像前两者那样受到局域限制，且具有良好的地理位置；更重要的是，长春园中的"狮子林"在原型上加入了绘画艺术的神韵，更加灵动活泼。

狮子林岸边正中的一座桥连接着伸入水中的小岛，岛上是一座单檐攒尖的"养月亭"，两侧呈对称的半岛上有三开间的水榭，它们与"养月亭"一道组成了倒"山"字形的水上景观。岸上另一个殿宇琴清斋是这组建筑的中心，共五开间，卷棚歇山顶。而同样五间房的华邃馆，在同一条南北中轴线上，以游廊连接，中间形成院落。它并没有照搬苏州狮子林的景观，而是因地制宜，利用近水环境，设计成一半岸上一半水中的景观。无论在游廊水榭中观赏青山绿水，还是在高点观赏庭院建筑，都自有它独特的魅力。

从"华邃馆"东边出来，走过一座曲桥，就来到了"狮子林"的东半区，想看奇石，来这儿就没错了。这里开凿水池，堆砌假山，山山水水之间，或立或卧，摆放着形态各异的石头，它们就像无数狮子在园中休憩玩闹。峰回路转的嶙峋假山之间，矗立着翼然亭、延景楼、占峰亭、探真书屋等建筑。北部顺着青山一溜下坡，宽阔而有层次，超越了苏州狮子林被围墙封锁的沉闷。

1860 年圆明园罹劫，这里全部被毁。道光帝御笔"烟岚"刻石现存圆明园展览馆中。1994 年清理河道时，东南隅水关及虹桥、水门等三座单孔石拱都已修复，乾隆帝御笔刻石各十幅也得以复位保护。

玉玲珑馆位于长春园东部，
地处澹怀堂北部，
为四面环水的小岛。

[第48站]

玉玲珑馆

玉玲珑馆于乾隆十二年（1747）基本建成，正月御书，九月挂匾"玉玲珑馆""林光澹碧""鹤安斋"等。

玉玲珑馆为宫门，内檐挂乾隆帝"玉玲珑馆"御笔彩漆匾。每临佳节，前廊挂缂丝吉利灯一对、紫檀木八方绢画灯三对。玉玲珑馆宫门前有九孔转弯板桥通向南岸。乾隆二十年（1755）有御制《玉玲珑馆》诗云："湖石三四峰，湘筼

◎长春园 玉玲珑馆遗址

五六箇。月下诡状狞，风前清影簌"。玉玲珑馆注重功能与美观的统一，每处都精雕细琢。周围湖水环绕，建筑在湖心人造岛屿上，布局错落有致，僻静清雅。

乾隆三十年（1765）五月，郎世宁为玉玲珑馆新建的五间殿内绘制西洋线法画。正谊明道殿北面西间两扇窗户，四十六年（1781）安广东海关所进的大玻璃一块，并镶两寸楠木边框。

乾隆三十九年（1774）三月，《活计档》始见"正谊明道"。正谊明道大殿七间，内檐挂"正谊明道"匾。前抱厦五间和蕉窗展绿殿在乾隆四十三年（1778）找补糊饰顶隔。乾隆五十九年（1794），蕉窗展绿殿拆改内装修，找墁三色石地面。咸丰八年（1858），该殿添安楠柏木栏杆床。

正谊明道殿后为林光澹碧，有殿九间，外檐挂乾隆帝御笔"林光澹碧"彩漆匾，内额为"游心于淡"。林光澹碧殿前为回廊院，西廊外有配殿三间。林光澹碧殿前后窗户二十五扇，

◎清 丁观鹏
《宫妃图》（局部）

据清代档案记载：乾隆四十六年（1781）安装广东海关所进大玻璃一块，镶两寸宽楠木边框。殿内设有罗汉床，并有玻璃挂屏对和画斗。咸丰八年（1858）雷氏《旨意档》记：九月在东间搭安装响塘炕一铺。

鹤安斋位于正谊明道殿东侧，殿五间，内檐挂乾隆十二年（1747）御笔"鹤安斋"彩漆匾。乾隆二十五年（1760）御制《鹤安斋》诗云："园林率养鹤，以其调弗俗。素羽与朗音，足清人耳目"。圆明园内养野鹤颇多，需剪羽，又要喂粮。乾隆二十七年（1762）放鹤，任其自去，鹤始终不飞离。于是乾隆帝频繁作《放鹤》诗，它们都写于鹤安斋中。

鹤安斋西山墙外紧连"明瓦鼓棚"一间，在西小院建有一

◎清 陈枚
《月漫清游图册》
之"九月重阳赏菊"

处喷泉。据清代档案记载，乾隆四十二年（1777）对鼓棚和水法曾做过拆修。水法即喷泉，在叠石丛中，四周为方形水池，池下有上水管通到西南侧的高台水箱，水箱南院有提水井，喷泉池内的水由"泄水沟"引向南湖。这里清爽幽静，在山水之趣的环境里居住、读书，确是一种享受。

乾隆二十九年（1764）前后，又局部有添建，稍后一两年才有御制诗，其中有恒春圃等。

恒春圃是御用花房，仅为"一室"，乾隆三十一年（1766）起共有十五次题咏恒春圃，其中有诗称："一室之中宛琼圃"，"温室暖且洁，花窖奚称数。四时皆有花，因号恒春圃"，"四壁有诗皆似画，一年无日不看花"。乾隆三十年（1765）十二月，乾隆帝传旨：恒春圃上层棚顶着如意馆李秉德按照生秋亭棚顶式画四季花盆景。乾隆三十五年（1770），恒春圃药栏内铺十块素绿羊毛毡，由苏州织造贡进。恒春圃北院安设供冬春熏花用的炉坑。该花圃在"撷景室"西北侧院内。

圆明园内引种了不少国内、国外进贡的各种植物。这里的花卉大部分都是传统的盆栽，如桂花、兰花、佛手等。由于古代温室通光性差，苗叶易显嫩黄色，反季节果蔬多用于祭荐陵庙，这导致古代利用温室来栽培果蔬的规模较小。因此，古代的温室栽培主要被用在对花卉的培育上。来自西洋的花卉盆栽本是进献给皇帝的礼物，也被种在长春园玉玲珑馆恒春圃中，以供皇帝观赏。

1993年恢复长春园山形水系时，本岛四围驳岸及临水基址已做清整。

◎长春园 玉玲珑馆遗址

◎清《十二月令图》轴之"九月"

含经堂位于长春园的中心，

澹怀堂的北部，

处于山环水抱之中。

它建于乾隆十二年（1747），

乾隆三十五年（1770）改建、增建，

成为乾隆帝的游憩寝宫之一。

[第**49**站]

含经堂与蒙古包

据《活计清档（木作）》记载，乾隆十二年（1747）二月初七，长春园有十八块御笔匾样通过钦审，其中包括"含经堂""芸晖屋""涵光室""神心妙达"等六面匾。九月，悬挂乾隆帝御笔。同年初冬，乾隆帝御制《含经堂》诗不久，这里的建筑就工竣了。乾隆三十五年（1770），修改含经堂重檐大殿，并在堂后西北部增建、移建淳化轩、蕴真斋、三友

◎长春园 含经堂遗址

轩、静莲斋楼等，使之成为寝宫建筑群，以备乾隆帝日后归
政"娱老"。

　　含经堂的宫门为五间，东西厢有穿堂殿各五间。在东西穿
堂殿外侧，有曲尺形十三间的两层楼，东为霞翥楼，西为梵
香楼。

　　《日下旧闻考》对含经堂的布局有简要的记述："云容水态
西北循山径入，建琉璃坊楔三，其北宫门五楹，南向。内为
含经堂七楹，后为淳化轩，又后为蕴真斋。含经堂东为霞翥
楼，为渊映斋，堂西为梵香楼，为涵光室。"因介绍简单，故
存在一些缺项。

　　含经堂楣上挂乾隆帝御笔"含经堂"镏金龙铜字匾。两旁

◎长春园含经堂遗址前的蒙古包

高悬五福骈臻灯两对、绢画四方灯四对，堂开高敞。乾隆帝每次灯节后率先到此，并多次接见民族首领，宴赏外国来使。含经堂内存有《钦定重刻淳化阁帖》和《西洋楼铜版图》各一套。含经堂寝宫安绣褥两床（氆氇、春绸各一）、石青缎枕头两个。堂之前、后门冬季原挂棉帘，后来换为石青缎边红猩猩毡心帘。含经堂西暖阁仙楼上为佛堂，供有银珐琅五供，样式甚佳。乾隆四十年（1775），含经堂供宗喀巴（黄教鼻祖），在前边还有一尊小宗喀巴。乾隆二十五年（1760），为小宗喀巴配做三寸紫檀木背光座。含经堂芸晖屋西间迎门罩内挂有佛像，并供殿式佛龛一座。乾隆三十五年（1770），将佛龛撤出，改挂"勇保护法"画像佛一轴，东西墙则分挂"吉祥天姆"和"帝狱主"画像一轴。

含经堂有盆老干梅，是乾隆帝首次南巡时由浙江嘉兴烟雨楼前带回的。这里并配有乾隆二十四年（1759）御制诗《含经堂古干梅歌》，刻于堂壁。诗中有云："烟雨楼前阅年华""携来书室陪清嘉"，"盆梅映座红，画诗常在壁"。乾隆帝先后题咏含经堂四十一次，嘉庆帝也有诗咏十篇。

在含经堂下设有供暖系统，经过现代考古挖掘，已经探测出供暖的路线，读者有兴趣可以到现场观看。

含经堂宫门五间，东西外侧另设垂花门，门内均有影壁。乾隆十三年（1748），郎世宁为宫门照壁后边起稿通景油画。宫门前月台上，安设镀金铜狮一对。乾隆三十四年（1769），照紫禁城静怡轩垂花门前铜狮的做法加倍放大铸造，刻"大清乾隆年制"款，在次年八月配石座，并撤出了原来安设的铜龙。

乾隆帝在这里还多次接见民族首领，宴请外国使节。含经堂外的广场正南和东、西两侧各建一座四柱琉璃牌楼，西牌楼额曰："数风清"，余为"霄汉涧""蓬壶秀"和"长烟碧"。乾隆四十六年（1781），这里油饰见新、补修宫门前的牌楼。宫门前原植有松树，并设有花坛。最初广场中心墁有十字红色砂石路，乾隆四十二年（1777）改为冰纹青砂石，次年铺

◎清 郎世宁、王致诚、艾启蒙《万树园赐宴图》中的蒙古包

◎清 郎世宁《百骏图》中的简易帐篷

设四块草坪。设宴时在草坪上搭盖五座蒙古包，中间的一座最大，帐殿直径超过 22 米，帐内铺白底押印红花毡，内为黄底红色毡。乾隆四十五年（1780）十月，含经堂搭盖蒙古包五座，中间前厅铺白底押印红花毡，内墙为黄底红色毡。

含经堂南广场面积有限，且边界被甬道和牌楼限定，但其间蒙古包的基址仍清晰可见，在此搭建的蒙古包先后有多种不同类型，布局也各不相同。蒙古文史料中"蒙古勒格日"与"查查日"，就是蒙古包与帐幕的两种指称。

蒙古包的基址有圆形、方形两种，都是以三合土夯实打

◎长春园 含经堂"搴芝"拓片

底，上面再码砌两层青砖，有铺地纹很精美的图案，尤其是位于东西甬道南侧的纹理显得更加完整。蒙古包呈圆形尖顶，顶上和四周以一至两层厚毡覆盖。包门朝南或东南开。乾隆三十二年（1767），含经堂南广场曾搭建梅花式蒙古包。梅花式蒙古包属于组合式的五合蒙古包，由五座蒙古包按照梅花五瓣的形制组合而成，因而得名。

乾隆十八年（1753）四月十六日、二十五年（1760）三月二十四日，乾隆帝御长春园，先后宴赏葡萄牙来使和新疆回部郡王、贝勒等四十六人，即在此处。

1860年圆明园罹劫后，含经堂的灰土基础保存较为完整。原乾隆帝御书"绘月""搴芝"两座太湖盆景石今存于中山公园。

淳化轩位于长春园东部，

玉玲珑馆与思永斋之间，

四围山水环抱。

淳化轩建于乾隆三十五年（1770），

由于事起重刻《淳化阁帖》，

故以帖为轩名。

[第**50**站]

淳化轩的《钦定重刻淳化阁帖》

　　这一年，工匠奉诣修改了含经堂重檐大殿，并在堂后增建、移建了淳化轩、蕴真斋等，使之成为一座大型寝宫，以备乾隆帝日后归政"娱老"。至此，这里的建筑群达到全盛，亦总称淳化轩。含经堂内贮有乾隆帝所命篆刻的《钦定重刻淳化阁帖》。

　　淳化轩面阔七间，进深三间，有前后廊。淳化轩匾文为

乾隆三十五年（1770）正月御书，交江苏布政使兼苏州织造萨载做。同年七月底，外檐挂上乾隆帝御书"淳化轩"二色金闸龙底黑漆玉字匾。内额为"奉三无私"，联曰："贞石丽延廊，略存古意；淳风扇寰宇，冀遂初心。"淳化轩另有一内额为"胸中长养十分春"。

淳化轩前东西回廊的前檐槛窗石刻镶嵌《钦定重刻淳化阁帖》，左右廊各十二间，每间嵌石帖板六页。自乾隆三十四年（1769）二月至乾隆三十七年（1772）四月全帖刻竣，以楠木镶边。帖为十卷，按北宋《淳化阁帖》毕士安"初拓赐本"摹刻，刻成后原帖亦珍藏在淳化轩内。

碑帖与古人日常研习书法是分不开的。在研习书法时，一定要具备对碑帖的了解，碑帖学也是文人必备的知识基础。

◎清《乾隆帝执笔写字像》

乾隆帝时常临摹历代名家法书、法帖，个人书法造诣颇深。他对碑帖的收集也很感兴趣，在《重刻淳化阁帖谕》中他叙述了重刻淳化阁帖的缘由和经过。

《淳化阁帖》被称为"法帖之祖"，还叫作"阁帖"。所谓"阁帖"是指皇家收藏在内府秘阁中的法书名帖。《淳化阁帖》共有十卷，收录历代书家一百零三人，共四百二十帖。宋太宗时，为了展现历代名家法帖的真容，将秘阁藏品公之于众，着手对其进行篆刻。"淳化"是宋太宗的一个年号，这套名帖在这个时期汇刻完成，于是命名为《淳化阁帖》。重刻《淳化阁帖》完毕，乾隆帝还命内务府拓四百部《淳化阁帖》分赐有名望的大臣。一般内务府多用乌金拓帖，唯独拓《淳化阁帖》时用蝉翼拓法，显得古意浓厚。

《淳化阁帖》也并非完美。它的编者为王著。王著曾任侍书学士，虽然善书，但缺乏辨别能力，导致《淳化阁帖》真伪杂出，错乱失序。为求更为完善精良的版本，乾隆帝于是命于敏中等人编纂《钦定重刻淳化阁帖》十卷。《钦定重刻淳化阁帖》中除了介绍"二王"的书法，也对锺繇和晋名家的

◎清 弘历临《仲秋帖》

◎长春园《淳化阁帖》石刻拓片

◎长春园《淳化阁帖》石刻

◎长春园《淳化阁帖》石刻拓片

◎长春园《淳化阁帖》石刻（局部）

◎长春园《淳化阁帖》石刻（局部）

书法做了一番探寻。

乾隆帝先后题咏"淳化轩"二十五次。据《活计档》记，轩和廊虽已建成，但《钦定重刻淳化阁帖》还在摹刻之中，含经堂后面的回廊中分嵌摹刻石板。

嘉庆十九年（1814），在淳化轩东侧又添盖戏台、扮戏房、穿堂房，改建看戏殿，并在东侧建成多处库房。

圆明园罹劫后，原《重刻淳化阁帖》石板于1994年整修山形水系时从西侧河池中挖出四五块残件，今陈列于圆明园展览馆。

法慧寺位于长春园的北部阳坡上，

谐奇趣的东部。

寺庙与西洋楼景区隔山而建，

处于山环水抱之间，

寺中更是古柏参天。

虽是一座寺庙，

它又具有相对独立的环境；

庙门西向，

全然是一处寺庙园林。

[第**51**站]

法慧寺

　　法慧寺于乾隆十二年（1747）基本建成，仿天竺样式。乾隆二十二年（1757），安排在此每日温水供茶。寺内设有首领太监充当僧人在上殿念经，至道光十九年（1839）裁撤。

　　西门城关有石刻匾额"普香界"。过城关沿山谷而东可进庙，法慧寺设东与西两座山门，石刻匾额分别为"证三摩地"和"阐二谛门"。

法慧寺前殿五间，乾隆十二年（1747）八月外檐悬挂御书"法慧寺"彩色油漆匾。殿内挂有"真乘觉路"匾及"慈慧""圆通"楹联一对，楹联系乾隆十九年（1754）御书。

乾隆十六年（1751）为法慧寺做楠木扫金二层塔一对，并配二层托尼座及红油见线贴金供柜，置于殿内明间。乾隆四十三年（1778）奉旨，将舍卫城普福宫前之铜鼎移安于此殿前边，殿前有八级青砂石踏跺。

南倒座楼（坐南朝北）五间，外檐挂"福佑大千"匾。倒座楼东西两前侧各有转角配楼十一间，在《日下旧闻考》中统称"四面延楼"。南楼及东西配楼前分设七级、六级踏跺一座，西转角楼设有弯转楼梯，楼内额挂"妙观察智"。

光明性海的后照殿五间，殿内挂乾隆十九年（1754）乾隆帝御书"光明性海"匾及"明光""清梵"楹联一对。

静娱书屋后殿西侧有别院两间，内额挂"静娱书屋"。乾隆二十五年（1760），乾隆帝撰有《静娱书屋》御制诗。同年，

◎长春园 法慧寺汉白玉底座

曾传旨为法慧寺做折叠容镜三面，很可能安设在此殿之内。

法慧寺只是御园中的一座小寺，却有一座比寺庙自身更有名的五色琉璃宝塔。走进西山门"普香界"后，迎面所见的就是这座高耸的琉璃宝塔。此塔上圆下方，三层七级，用五色琉璃砖瓦砌成。它黄金彩翠，错落相间，不施寸木，黄金为顶，白玉为台，千佛瑞像俱坐在莲花座上。从遗存照片和当时"样式雷"留下的设计图看，琉璃塔建在一个正方形的大理石台基上，整塔高 23.55 米，塔顶高 3.07 米，铜质包金。整塔不仅塔身外表用五色琉璃砖砌成，而且可分为上、中、下三部分，各部分的形状和所用琉璃瓦的颜色各不相同。上段三层呈圆柱形，塔檐分别用青、黄、绿三色琉璃瓦；中段两层是八方形，塔檐琉璃瓦上层为紫色，下层为青色；下段两层为正方形，塔檐琉璃瓦分别为翡翠色和黄色。塔身均有壁龛，内坐观音像。该塔形制优美，铜顶和五色琉璃砖在阳光照耀下闪烁光芒，人们无论是在湖中还是山上，都可远远

◎长春园 法慧寺西山门
残额"阐""门"拓片

◎长春园 法慧寺"花
雨散诸天"石联拓片

望见它。五色琉璃塔给这座山中小寺增色不少。

法慧寺琉璃塔是乾隆帝建在皇家园林的五座琉璃塔之一（其余四塔分别在香山静宜园、万寿山清漪园、玉泉山静明园和承德须弥福寿之庙），也是其中形态最为优美的一座。

我们今天还能看到 1900 年拍摄的法慧寺琉璃塔照片。令人扼腕的是，这座在 1860 年英法联军火烧圆明园时幸免于难的宝塔，又在之后外敌入侵、内乱频仍的岁月里遭受磨难，最终消失于历史的烟尘之中。

琉璃宝塔正东是一座庭院，庭院大门朝南开，院内"福佑大千"正殿坐南朝北，山门、正殿、配殿以及殿宇之间有游廊。游廊直通后殿，使正殿、廊庑和后殿一道形成一个"工"

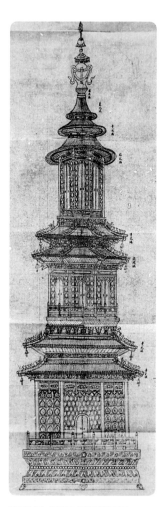

◎长春园 法慧寺琉璃塔（1900 年）　◎长春园 法慧寺多宝塔立面图

字形，这是一个有趣的设计。

同治七年（1868），在破败的长春园法慧寺还发生了盗贼窃取寺中被火烧毁的铜佛及碎铜事件。

圆明园罹劫后，临岸土山被挖平，原西门城关南侧有民居六户，2000 年已拆迁。今存原西山门石匾残件"闸""门"二字及乾隆帝御书"花雨散诸天"与"爱此清凉窟"石联一对，石联断裂为二。乾隆帝御书"普香界"石刻匾今存西交民巷87 号院内。

蕴真斋位于长春园的东南，

在含经堂最北部，

背后山上的景观是得胜概。

[第 **52** 站]

蕴真斋的玻璃窗

乾隆三十五年（1770）增建淳化轩，蕴真斋在淳化轩稍北。蕴真斋原挂有"妙理清机"匾，乾隆二十年（1755）就换挂了外檐御书"蕴真斋"玉匾，还有内檐额"礼园书圃"及"行处""闲中"联一对。

自乾隆二十年（1755），乾隆帝先后十次题咏蕴真斋。据匾名著录可知，此斋另外还有三幅名为"研净瓯香""随安

◎长春园 含经室 蕴真斋遗址

室"和"长春书屋"的匾。

蕴真斋随安室和长春书屋各有一张面北宝座。东仙楼楼上楼下东西两边供桌四张，并围黄绣缎。东佛堂殿内有两座楠木假门，上挂有条画。

理心楼在蕴真斋西南向，有五间房，外檐在乾隆三十六年（1771）正月挂有御书"理心楼"蓝字匾额。楼上楼下设四张宝座，即楼下面南、面东、面西，楼上面西宝座各一，分铺红毡、黄毡。楼下北窗四扇，各安玻璃一块。乾隆三十五年（1770）八月起，先后题咏理心楼十一次，乾隆帝诗有云："室楼如暖阁"。并有注释："广厦中铺板为层室"。由此可知，此处非常清幽，可以静心。

蕴真斋屋顶是全釉青瓦，七间房前面抱厦五间，后面抱厦三间。蕴真斋内有东西仙楼。西北梢间仙楼下安有玻璃镜两架，西梢之间仙楼的后檐槛窗安有玻璃四块。而蕴真斋松竹梅窗户不亮，拆下另安亮玻璃窗户一扇，乾隆三十六年（1771）并安好玻璃。

说到玻璃窗，要从乾隆五年至二十四年（1740—1759）这二十年间的事儿讲起，那时的玻璃生产出现了异乎寻常的规模。乾隆时期就有玻璃窗并不为奇，大块的玻璃其实在康熙初年就有了。

在康熙初年，宫廷玻璃的来源途径有三：一是西洋人的进贡，二是国内自行生产，三是通过海关采买。随着玻璃生产的逐步发展，颜神镇的产品销售到全国，该镇成为清代玻璃的生产重镇。雍正时期，设造办处将玻璃厂迁到圆明园，在六所烧制玻璃。乾隆中期，玻璃厂在西方传教士的帮助下创造性地烧造成功了金星玻璃、搅胎玻璃等杰出的艺术品种。

乾隆五年（1740），擅长烧制玻璃的传教士汪执中和纪文受到邀请。乾隆七年（1742）正月，他们被聘往圆明园玻璃厂。也就是在此时才生产出不同于博山产的玻璃。博山玻璃应为铅钡玻璃；而圆明园玻璃厂经过传教士纪文配方，将其改造成了钠钙玻璃。传教士纪文离开后，又恢复了博山烧制玻璃的配方。

博山的"铅钡玻璃"与西方的"钠钙玻璃"属于不同的

玻璃配方。清代，博山的玻璃铅钡含量高，绚丽但易碎，并且透明度差，只适合制作各种装饰品、礼器和随葬品；而西方的"钠钙玻璃"耐温好，结实耐用，其用途和产量都远高于博山玻璃。

圆明园罹劫后，蕴真斋遗址的灰土基础保存较完整，2001年由市文物研究所全面考古发掘后，又进行了工程保护。

海岳开襟位于长春园西部湖中，

在法慧寺南、

思永斋正北之间的湖心。

它四周环水，

在圆形石砌崇基之上，

东西南北各设码头。

[第 **53** 站]

海岳开襟

乾隆十二年（1747）九月，海岳开襟建筑群基本建成。海岳开襟殿悬挂匾额"青瑶屿"，东西对岸有"萝溪烟月"亭、"流香渚"亭等景观。海岳开襟殿是一座三层重檐楼阁，仿佛一处神仙境界。

嘉庆帝在御制《海岳开襟》一诗中描写道："圆岛水中央，问景扁舟渡。四面白石栏，八面苍松树"。精准地说明了海岳

◎长春园 海岳开襟遗址

开襟的环境。

乾隆四十三年（1778）、五十六年（1791）曾两次全面修缮海岳开襟。这里共有楼座、殿宇、平台、游廊十五座八十九间；三覆檐四出轩式的正楼一座，重檐穿堂有配殿两座，重檐方亭四座，弧形游廊四座三十六间，另有琉璃牌楼四座十二间。

乾隆十六年（1751），匾下增挂御书"爽气""薰风"对联一副，上层额有"乘六龙"，"海岳开襟"匾原挂于下层楼内。乾隆时期，下层外檐挂铜字匾"青瑶屿"为乾隆十二年（1747）二月御书，满汉两种文字；中层匾为"得沧洲趣"，该匾后改悬于楼南外檐，并增挂"高明精粹"内额，原来的三匾似已不再悬挂。上述细节，在咸丰末年《圆明园匾额略节》中有记载。

海岳开襟正楼为三覆檐，四面各接重檐抱厦一座。下层四面各为五间，中层、上层四面各为三间，中层周围安庑座擎檐廊。各层檐均安斗科天花，头停十字琉璃脊。此楼壮丽高敞，为清帝登高望远的佳处。

◎长春园 海岳开襟遗址

　　从南边码头上来，正对"林渊锦镜"抱厦，此殿前殿五开间，殿内陈设书案座椅、文房四宝。由此看来，清帝很喜欢来这里寻找创作的灵感，这些用具显然是为皇帝吟诗作赋而做的准备。"林渊锦镜"匾挂于该前殿外檐，内额为"镜太清"。殿内金玉满堂，摆满了景泰蓝瓷器、熏炉和古玩，座椅旁装饰着做工上乘的孔雀羽扇，地上铺进口的土耳其高档地毯。

　　海岳开襟楼身东、西两侧配着"仁者寿"和"智者乐"殿宇，殿宇楼阁之间的空地上布置着假山。春夏之际，山上的紫藤和爬山虎为它增添了不少生机，高大浓密的白皮松送来飒飒绿荫，整个岛就像承托在一个漂浮于云水之间的玉盘之上。雍容华贵的楼阁，色彩明丽的朱柱、白栏、黄瓦，缥缈如同从天外飞来。嘉庆帝用诗句如此形容："远观如海市蜃楼，近睹如登临仙境。"这里的楼阁建筑颇为精妙，辅之以周围湖水，建筑整体雍容端庄。

　　"海岳开襟"正东是"仙人台"。仙人台建在临水山坡上，与海岳开襟隔水相对。山坡上植有各色牡丹花，簇拥着高高的仙人台，台基由砖砌成，两边都有石梯可以登台。雕栏玉砌、烟波浩渺之间，"仙人台"的主人瑶池圣母和她的十二位仙子雕像就立于仙人阁内，关照着周围的花海，浑然不觉这尘世的变幻无常。

乾隆五十八年（1793），海岳开襟岛上起刨地面、换添黄土，栽种松树（白皮松）二十四棵。海岳开襟岛外东西对岸的罨画溪、流香渚、翠幄、萝溪烟月、兰林等五座殿宇和方亭，在乾隆四十六年（1781）时曾与海岳开襟一并油画见新。

"海岳开襟"所设四个码头，从这里可以任意弃舟而上。码头上有石筑凉亭，岸边两层石栏间摆放着盆栽的夹竹桃、石榴、蔷薇、翠柏、寿星竹等各色花木供人欣赏，又增添了生气。四座太湖石的假山上爬满了紫藤、爬山虎，殿宇与假山之间高大的白皮松浓荫遮地，夏日暑热之时在这松荫之下摆上桌凳，或读书写字，或闭目养神，任湖面凉风吹来，真是惬意非常！

1860年圆明园罹劫时，海岳开襟岛上的建筑群因位于湖水中央而幸免于难。同治年间试图重修圆明园时，海岳开襟得到勘查并制有烫样考虑进行修缮，其林渊锦镜殿五间，做粘补装修。光绪二十二年（1896）二月至九月，慈禧太后、光绪帝还曾三次游至此岛。1900年，八国联军入侵北京，这里的一切彻底毁于战乱。

原位于海岳开襟的乾隆帝御书半月台诗碑，现在北京大学鸣鹤园，只余断残碑体。海岳开襟岛遗址已于1993年清运渣土，补安了环岛条石驳岸。现岛外为大片荷池。

茜园位于长春园西南角的圆明园三园交界处，
思永斋南部的西北角。

发现·圆明园

[第**54**站]

茜园的青莲朵

　　茜园是清帝经常游憩的园中园，乾隆十七年（1752）基本
建成，上年十月御书"如是观""得佳趣""与和气游"三匾，
这年五月、七月悬挂。乾隆二十一年（1756），乾隆帝在圆明
园居住了一百五十七天，其间曾四次在茜园传晚膳。

　　茜园宫门分为三路，西宫门是垂花门，为陆路，门楣悬
有乾隆帝御书"茜园"玉匾。北宫门为水路，门殿七间，匾

额为"清晖娱人"，门外阶下临水设码头。南宫门称为"茜园门"，是从长春园进入绮春园的通道。青莲朵就放置在西宫门，即垂花门内。

乾隆十六年（1751），首度南巡的乾隆帝在杭州吴山的宗阳宫游览时发现此奇石，一见钟情，以衣袖拂拭抚摩良久。浙江地方官领悟"圣意"，转年就将此石运至京师。

此"青莲朵"为一块太湖石。太湖石素以"瘦、皱、漏、透"著名，或灵秀飘逸，或浑穆古朴，或凝重深沉，或超凡脱俗，令人赏心悦目。一石一构思，永不重复，自然天成。太湖石以色彩又可分为三种：白色太湖石、青黑色太湖石、青灰色太湖石。采石工人携带工具潜水取石，用大绳捆绑，将其吊上大船运往工地造园。明代画家、造园家文震亨在《长物志》中这样写道："太湖石在水中者为贵，岁久被波涛冲击，皆成空石，面面玲珑。"

而这块名为"青莲朵"的太湖石，更是石中麟凤，列居四大文人名石之首。

"青莲朵"系南宋临安（今杭州）德寿宫中旧物，原名"芙蓉石"。德寿宫中原有古梅，南宋淳熙五年（1178）二月

◎长春园 茜园遗址

◎长春园 茜园 青莲朵

初一，孝宗赵昚到德寿宫跪拜太上皇赵构之后，太上皇赵构特留孝宗在石桥亭上观赏古梅。赵构云："苔梅有二种：一种宜兴张公洞者，苔藓甚厚，花极香；一种出越上，苔如绿丝，长尺余。今岁同时著花，不可不少留一观。"此后古梅枯死，只有碑石为伴。德寿宫后因无人居住，逐渐荒废，到乾隆时，只剩下十之二三，但还有些遗迹尚存。

"青莲朵"一直与苔梅相配安放。明末，由蓝瑛、孙杕合绘《梅石图》，并刻于碑，世称蓝瑛梅石碑。

乾隆帝将"青莲朵"放于茜园的空院中，并亲自给它起了这样一个诗意的名字。乾隆十七年（1752）正月，乾隆帝即撰写御制诗《青莲朵》。乾隆三十一年（1766），行书"青莲朵"三字。

乾隆三十年（1765），乾隆帝第四次南巡时，得知梅石碑当初镌刻的情况，便命人摹刻梅石碑一通"驿致杭州"，与旧碑并立。乾隆三十二年（1767），又重摹一刻碑，置于圆明园茜园"青莲朵"石侧旁，并修建碑亭。梅石碑上刻有乾隆三十年（1765）行书七绝《模德寿宫梅石碑》诗及三十二年（1767）

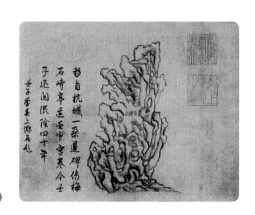

◎清 弘历
《青莲朵图》

行书五言古体《重摹梅石碑置青莲朵侧》。乾隆帝念念不忘这段逸事，直到他最后一次南巡时还兴致盎然地为此事吟诗。

乾隆二十七年（1762），乾隆帝御制《题太虚室》诗中有云："就树为斋倚碧峰，瀹然满院翠阴浓。坐时颇觉胸中合，游处当于道外逢""飞来德寿青莲朵，辞却梅英伴老松"。诗注道："庄子道，不游太虚。"又注曰："青莲朵即蓝瑛梅碑畔石，杭城德寿宫故址。辛未南巡后，地方吏不请命而致京。以成事难却，置之此室前。"据此可以判定，"太虚室"似即青莲朵太湖石北侧门殿西间的内额。但据嘉庆十三年（1808）资料，"太虚室"旧址却标在饶野意东侧偏北三间曲尺房处，这表明"太虚室"匾可能曾有易位，嘉庆时期改建后当已不悬。而茜园东南部有较大改建，新建成了碧静堂。

圆明园罹劫后，"青莲朵"被移往中山公园，后又移至中国园林博物馆。全石保存较为完好，青莲朵三字题刻宛然可辨。而梅石碑仅幸存碑身，现在北京大学未名湖西南岸。其石形与乾隆帝所绘之图差异颇大，似非一物，个中缘由至今难以索解。

　　绮春园本是怡亲王允祥的御赐花园，那时叫交辉园。乾隆前期赐予大学士傅恒，改名春和园。嘉庆四年至十六年（1799—1811），绮春园西路先后并入两处赐园，一处是成亲王永理（乾隆帝十一子）的西爽村，另一处是庄敬和硕公主（嘉庆帝第三女）的含晖园。两园并入圆明园后，定名绮春园。

　　如果把正大光明比喻成大家闺秀，迎晖殿就是小家碧玉。迎晖殿的整体布局更加紧凑、精致。绮春园中间由几个小园绕水而筑，相依相通，展诗应律、春泽斋、生冬室、卧云轩形态不同，波折的水面将它们连点成片。殿前的小湖清波荡漾，这里是最好的消夏所在。

　　在绮春园的西南角上，我们可以看到四座小岛。每座岛上各有一组建筑，它们分别是绿满轩、畅和堂、澄心堂和湛清斋。尤其值得推荐的是畅和堂，漫步于那里的曲折游廊，在对面的长堤眺望远方，湖光山色尽收眼底。

清夏斋位于绮春园西北角，

北部为圆明园的南墙，

东邻四宜书屋。

从嘉庆九年（1804）御制《绮春园三十景》诗中

可以见到嘉庆帝对清夏斋和镜虹馆的题咏。

发现·圆明园

[第 **55** 站]

清夏斋

　　嘉庆十六年（1811），含晖园缴回后称"南园"，成为绮春园的一部分，之后西爽村也归入绮春园。嘉庆十九年（1814），刊刻御笔"清夏斋"匾悬于清夏斋。清夏斋前殿内额有"阶云观妙"，明间设宝座。后殿内额为"兰皋荐爽"，东北间设宝座床。

　　绮春园中间由几个小园绕水而筑，相依相通，气氛各异，

◎绮春园 清夏斋遗址

形态不同，波折的水面将它们连点成片。西望则是消暑的好去处清夏斋，这里泉水从流杯亭流过，殿前的小湖清波荡漾，夏日炎炎正好眠。

道光初年，绮春园分为东西两路，东路为奉养皇太后、皇太妃之所。清夏斋东西一带，原是乾隆帝十一子成亲王永瑆的一座小型花园，园名西爽村。嘉庆四年（1799）三月，西爽村归入绮春园。据道光元年（1821）《日记档》记，西爽村在嘉庆时期曾是南府中和乐太监居住之地。咸丰时，又将清夏斋增辟为皇贵太妃（嘉庆帝如妃）的园居之处。据《咸丰实录》记载，咸丰帝于咸丰二年（1852）五月初七、咸丰五年（1855）七月二十六日、咸丰十年（1860）三月十三日来到此殿向太妃问安。

◎绮春园 清夏斋烫样

　　清夏斋有南向七间工字大殿，前殿与后殿各七间，中间连穿堂殿三间，前殿外檐挂"清夏斋"匾。此处原来的匾是"凤麟洲"。嘉庆九年（1804），嘉庆帝在御制《题清夏斋》诗中称："书斋新创建，旧额凤麟洲"。

　　嘉庆帝先后题咏清夏斋二十六次，他在御制《绮春园记》中写道：清夏斋"殿宇宏敞，池水澄洁，有修竹数竿，苍松百尺，薰风南来，悠然自得"。嘉庆帝御制《镜虹馆》一诗中有云："碧溪一带镜秋光，曲折阑干接复廊。"清夏斋后殿之东，南向硬山殿三间前后有廊，外檐挂"镜虹馆"匾。镜虹馆与清夏斋后殿之间有套殿（悬山）相连，实际后殿又是东套殿。

　　清夏斋的前殿东有重檐十字亭，外檐挂"天临海镜"匾。十字亭南临池，东经穿堂即至延寿寺娘娘殿和观音殿。

　　寄情咸畅也即流杯亭，在西南角，与清夏斋隔池相望，外檐悬"寄情咸畅"匾。流杯亭为正方形单檐，石座上凿成云形流杯渠。渠形图案与香山学古堂、紫禁城禊赏亭相同，而体量略小。寄情咸畅亭的流杯渠座中心部分原由九石拼成。据国家图书馆藏清样式房《南园流杯亭座尺寸图》可知，九石东西通宽为1丈1尺5寸。后来该流杯亭座曾拟向南部及东西两侧加宽，似未实现。而据国家图书馆藏清样式房《清夏斋流杯亭地盘图》显示，流杯亭为正方十二柱，柱内由二十八石组成，除中心九石外，余皆为红线拟修。流杯石沟渠式样最为复杂，似两手捧物状，刻沟槽用石料二十一件。

清夏斋西宫门三间，门楣悬挂"悦心园"匾。在这座宫门南边即前池西岸还有一座宫门，亦为三间西向。西宫门外北侧有一排值房。

清夏斋四围有墙自成格局，再北面是绮春园北墙，大墙外就是专为宫廷演戏、奏乐的升平署。升平署原称南府，道光七年（1827）由南府、景山合并而成，始易本名。圆明园升平署地处三园中间地带，属园庭禁地。

道光七年（1827）二月，升平署奉旨不再走西侧的太平村门，而是向南开设一随墙门，嗣后署内太监等均从绮春园西爽村门出入，而后再进圆明园福园门。皇帝从园内去升平署则走圆明园东楼门。

圆明园罹劫后，清夏斋幸存悦心园西宫门三间、四方亭一座及值房，升平署尚存十四间房。同治帝考虑局部重修圆明园时，清夏斋作为慈安太后的寝宫是重点修复对象，并更名为清夏堂。当时，准备把工字殿中穿堂改成东西廊，并在南边另辟宫门，名为"和春园"。后因财力枯竭，圆明园工程被迫停工。但当时已添盖了建筑，基本成型的有南宫门"和春园"三间及宫门内东西值房、宫门外东西茶膳房等近四十间。清夏斋等殿宇则仅清运渣土、归整屋基而已。1900年，八国联军入侵时，这里再度毁于战乱。

如今，清夏斋及其周围遗址前池犹存，古建基址已无踪迹。

仙人承露位于绮春园西北部，
涵秋馆东的山坳里。
此处立有一座仙人承露台，
它还有一个更具仙气的名字"露水神台"。

[第**56**站]

仙人承露

　　山石之间，高台之上，莲花座中手托铜盘的仙人面临东侧的湖水，为痴妄的帝王承接着"仙露"。古代的艺术家成功塑造出了金铜仙人这样一个物而人、物而神，独一无二，奇特而又生动的艺术形象。

　　据清样式房设计的绘图立样可知，该仙人承露台自下向上依次为底层青山石，高 1.28 米；砖砌方形仙台，高 0.96 米；

◎绮春园 仙人承露

圆形石须弥座，高 2.3 米；铜仙人莲花座，高 2.43 米。此景的修建年代难考其详。

嘉庆帝放不下身外之物，仙人承露台的甘露寄托了他对长生不老的向往。

唐代诗人李贺曾写有一首《金铜仙人辞汉歌》，诗中"衰兰送客咸阳道，天若有情天亦老"是广为传诵的名句。金铜仙人并非诗人的幻想，它的原型是汉武帝建造的一座铜像。当年，汉武帝为了神仙降露，下令在长安建章宫内建造神明台，上面铸造了金铜仙人手捧铜盘以求仙露的模样。

其实，承露盘中承接的甘露只是凝结在盘中的水蒸气。汉武帝把凝结的水珠当成长生不老的仙露，将承接下来的露水交给方士。方士将露水和美玉的碎屑调和后让汉武帝服下。他们告诉汉武帝，这样就可以长生不老。

公元前 87 年，汉武帝还是死了。金铜仙人承露没能让他

◎绮春园 仙人承露（背面）

长生不老。汉朝灭亡后，魏明帝曹睿，也就是曹操之孙下令将铜仙承露盘从长安搬迁到洛阳。可没想到，在搬迁途中铜仙承露盘就被彻底损坏，最后破损的部件也不知所终。

与以往的承露仙人一样，圆明园和北海的承露仙人都是铜制。圆明园被劫毁后，仙人承露台的铜仙人不知归处，但该台圆形石雕须弥座仍在。1925 年前后，石雕须弥座被运至中山公园。1931 年 3 月下旬，营造学社在中山公园举办《圆明园遗物文献展览》时，此石还为参展遗物。现在，这件珍贵的石雕倒置在中山公园管理处之北。

仙人承露为圆明园增添了诗意的浪漫，同时也寄托着帝王的心愿。如今，仙人早已不见踪影，唯余桃花依旧含笑春风。

◎清 冷枚《十宫词图》册

311

凤麟洲位于绮春园东北部，
是敷春堂北面湖中岛上的一组建筑群。

[第**57**站]

凤麟洲

　　乾隆年间，绮春园已并入圆明园，而凤麟洲的东岛较小，置值房院。其主要建筑为西岛上的凤麟洲和绣漪轩，二岛由曲桥相连。嘉庆帝在御制《绮春园记》中称："园（即绮春园）北平湖百顷，碧浪涵空，远印西山，近连太液，洲屿掩映，花木回环……楣桷额为'凤麟洲'"。在这片水域里营造出的凤麟洲，有仙家之境的寓意。

◎绮春园 凤麟洲遗址

　　嘉庆十二年（1807），嘉庆帝御制诗中称其为"南园避暑最佳处"，这里的南园指的就是绮春园。

　　嘉庆朝，绮春园已然成为嘉庆帝园居理政的场所，凤麟洲的地位愈发重要。

　　凤麟洲的构造、布局之典源出于《十洲记》，取自传说中的海内十洲之一。西汉时期，东方朔撰写《十洲记》，他在书中写道：汉武帝听西王母说，在八方巨海之内有十洲，洲上人迹稀绝。《十洲记》中还提及，"凤麟洲"在西海之中，四面被弱水环绕，水面上连一根鸿毛都托浮不住，凡经此地，无论是人或物，均沉入水底；这里更是有百种神药和仙家的所在。

　　凤麟洲由大小二岛组成，上建殿宇亭榭，南面设码头。凤麟洲有七间房，接前抱厦五间，外檐挂"凤麟洲"匾。殿内后卷东西梢间，前卷东次间、梢间及西内梢间皆安设有床或宝座床。嘉庆、道光、咸丰三帝都非常喜欢来此游赏。嘉庆

◎清 任阜长《群仙图》

十二年（1807），凤麟洲改建，这年三月底可见嘉庆帝有关凤麟洲和绣漪轩的御制诗。嘉庆帝题咏凤麟洲就有二十五次，他的诗作为凤麟洲增添了别样的魅力。嘉庆帝《凤麟洲》诗称："避暑无逾此，芳洲舟可通。回廊环曲折，虚牖启玲珑。庭印一奁镜，窗含四面风。远峰清影蘸，茂树碧荫充。月问南楼上，亭开北渚崇。虹桥连岸右，松嶂峙池东。胜境诚难绘，游心兴岂穷。建新仍旧境，尚俭念卑宫。"

凤麟洲殿东侧似为西大殿之套殿，殿内前明间设床，殿前是花窗小院，南边有月亮门。从《圆明园匾额略节》中可知：

◎清 上睿

《仙山楼阁图》

"永春室"挂在这三间殿宇外檐。这座殿宇是皇太后夏日寝憩之所。

咸丰十年（1860）八月二十三日，英法联军进入圆明园烧杀抢掠。据太监李进寿转告，首领太监张禄称之前因夷匪窜扰园庭，园居在凤麟洲南部敷春堂的道光帝遗孀常嫔因惊吓一命呜呼，享年四十三岁。

如今，凤麟洲只剩下荒废的大小二岛，遗址于1992年整修驳岸，清理基址，立石刻图，并于其西侧新建九曲仿木桥。凤麟洲西岛东南的叠石为原存旧物。

含辉楼位于绮春园西北部，

澄心堂西北角，

现在一零一中学校内西部位置。

[第**58**站]

含辉楼

含辉楼原在北侧的西爽村，系成亲王永瑆（乾隆帝十一子）所居，由清帝射猎的含辉楼及招凉榭组成。

含辉楼园址旧称含晖园，乾隆朝已属绮春园范围。乾隆五十六年（1791），含晖楼后檐拆盖听雨屋三间。乾隆六十年至嘉庆元年（1795—1796）五月间，含晖园修缮。嘉庆六年（1801），庄敬和硕公主下嫁时，亦曾赐居含晖园。嘉庆十六年

◎清《情殷鉴古图》

（1811）公主病逝，含晖园重归绮春园。嘉庆十七年（1812）、十八年（1813），嘉庆帝写有关于含辉楼、招凉榭的御制诗。嘉庆十六年（1811）五月传旨："含晖园嗣后改呼南园"，含晖园重归绮春园，即移建该楼于此处，更名含辉楼。同年十月，奉旨将同乐园之八方塔灯移至含辉楼，此时该楼当已建成。道光八年（1828）正月传旨："嗣后南园著即归为绮春园名目，不必再写南园字样。"但实际上，含辉楼及其南侧诸景俗称南园或小南园，而绮春园东则俗称大南园，所以旧时圆明三园亦称之为四园。

乾隆五十六年（1791）八月，十岁的旻宁跟随祖父乾隆帝

◎清 《道光皇帝绮春园射柳图》卷

◎清 《道光皇帝绮春园射柳图》卷（局部）

打猎获鹿，乾隆帝大喜，赐皇孙黄马褂、花翎，骑射。十岁时的这次狩猎经历，带给了旻宁一生的荣耀。1820 年，旻宁继位，是为道光帝。

道光帝对《绮春园射柳图卷》这幅画作很是重视，四年间曾三次题诗。第一题跋署："癸未道光三年（1823）季春，含辉楼马射连六中矢，喜成御笔。"第二题跋署："乙酉季春（道光五年）含辉楼马射御题。"第三题跋署："丙戌（道光六年）春三月含辉楼马射御题。"从御题中可以看出，骑射的地点位于含辉楼前。

道光帝多次在含辉楼前进行骑射，并侍候皇太后视察皇

子、亲王、侍卫等骑射。楼前射圃成为嘉庆、道光、咸丰三代皇帝演练骑射的场所。

满族人以擅长骑射为豪，骑马和射箭是他们生活必备的技能，连妇女和儿童也善于骑射。骑射是体现八旗子弟素质的一项重要标志。

含辉楼东侧墙外山坳里曾建有鹿圈。梅花鹿性情机警，行动敏捷，主要采食藤本和草本植物，冬季则喜欢在温暖的阳坡采食成熟的果实、种子以及山下的油菜、小麦等农作物，圆明园中的山林为它们提供了良好的生活条件。养鹿也为园中骑射活动提供了射猎对象。

据《清升平署志略》记载，道光三年（1823）三月十五日传旨：嗣后含辉楼射马箭时，由中和乐、十番学安设花腔鼓三面，凡射中时即擂击花鼓。次年三月二十日射马箭时，奉旨改为擂击德胜鼓。道、咸二帝均在本楼侍奉过皇太后、皇贵太妃进膳。

含辉楼的后院设东西配殿各五间，楼前有月台，东西两侧设值房四座二十间。此楼之南，地势平坦，在燕游骑射之处建有马道。马道，指建于城台内侧的漫坡道，一般为左右对称，坡道表面为陡砖砌法，利用砖的棱面形成涩脚，俗称"礓"，便于马匹、车辆上下。

◎清 乾隆《鹿角记图》卷

　　含辉楼四围都建矮墙，在东砖门为"环翠门"，为砖刻匾额，门外北侧设值房三间。南门是城关，南边石刻有"护松扉"匾额，北石刻"排青幌"匾额。招凉榭西边就是绮春园西墙，西南是运料门，门外北侧是马圈。嘉庆十四年（1809）添建房间，为福园门小马圈。

　　1860年圆明园罹劫后，含辉楼幸存楼西值房五间。1900年，它最终毁于八国联军入侵期间。运料门门楼残存至1953年，后被拆除。

　　含辉楼遗址的具体位置在一零一中学教学楼，排青幌处为中学的校门，遗址原南部河池现仍残存。嘉庆御书"排青幌""护松扉"两幅石匾，今存西交民巷87号院内。

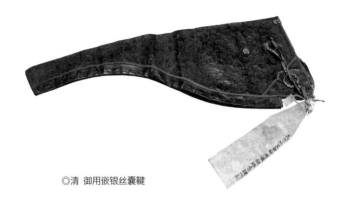

◎清 御用嵌银丝囊鞭

◎清《乾隆皇帝一箭双鹿图》

◎清《十二月令图》轴之"十二月"

河神庙与惠济祠位于绮春园的西南角，

具体位置在

现今一零一中学大门口东侧，

有东庙和西庙

两座庙相连。

它们共同构成了小型的寺庙园林。

[第 **59** 站]

河神庙与惠济祠

　　河神庙与惠济祠添建于嘉庆后期。东庙为敕建河神庙，祭祀的是本园的河神；西庙为惠济祠，祭祀的是运河的龙神。两庙前分别有两根旗杆，周围有黄柏林木数百株。在大片柏林中，这两座庙宇若隐若现。

　　嘉庆十七年（1812）六月，两江总督百龄赶赴苏北清江浦的惠济祠，按照规制，将"天后、惠济龙神封号和神像"都

摹绘了出来。第二年九月，绮春园内建庙之时，恰逢黄河漫口，八卦教起，建设工程不得不暂停。至嘉庆十九年（1814）大汛后，始再议开工。嘉庆二十二年（1817），河神庙、惠济祠正式落成；自本年秋祭起，每年春秋二季照昆明湖、玉泉山龙神一体致祭。祭品、祭器由园户从西北侧的运料门抬至祭所。道光元年（1821）八月初三，二年（1822）二月初四，瑞亲王绵忻奉旨祭惠济祠、河神庙，南府按例伺候中和乐。

水府诸神如天后、河神一向没有祠位，之前清帝遇发香伸敬之时，皆望空瞻礼。鉴于此，嘉庆帝在御园中仿照江南规制，添建了神宇供奉淮渎龙神。

据《大清会典事例》记载：河神庙建在惠济祠的西面，殿中三龛，中龛供淮渎神牌，左龛供金龙四大王神牌，右龛供黄大王神牌。从《圆明园内等处各座殿宇内外匾额》中可知，

◎绮春园 河神庙东的围墙

其山门外额为"河神庙"，外檐悬挂匾额为"朝宗广运"，内额为"镜清寰宇"和"永佑安澜"。清室旧图上将"河神庙"标在东院，将"宅神天沼"标在西院，疑为讹误。

山门外匾有"惠济祠"，正殿三间四围廊，外檐挂"宅神天沼"匾，内额所挂为"德施功溥""恬波昭贶"和"安流锡祜"。惠济祠殿有一龛，供有天后神牌。嘉庆帝有诗称："神祠专建祝淮河。"

河神庙和惠济祠都由首领太监充当僧人上殿念佛，道光十九年（1839）裁撤。

这两座庙宇在1860年圆明园罹难时免于火劫，保存相当

◎绮春园 惠济祠残存石雕

完整。事后，本庙仍设坐更，由园户值宿，并每于朔望（农历每月初一叫朔，十五叫望）供干果素烛。每年二月初九与八月初四春秋大祭，均由河工大臣与圆明园总管致祭。

光绪二十六年（1900），河神庙与惠济祠毁于八国联军入侵。劫难后，旗民蜂拥而至准备分拆遗留建筑，他们在"争拆"中发生冲突，甚至进行了枪战，双方各死十余人。后经中间人调停，改为合作共同拆售，售出之价由双方平分。至此，二庙与大片柏树林均被夷为平地。

正觉寺位于绮春园南部，

绮春园宫门西侧，

与绮春园后门相通，

独成格局。

这里另设南山门，

是圆明园的附属佛寺，

俗称喇嘛庙。

[第**60**站]

正觉寺

乾隆三十八年（1773）十月，内务府新建正觉寺，设喇嘛住持梵修，由香山宝谛寺拨派达赖喇嘛一名、小喇嘛四十名，并从中委派副达赖喇嘛（首领喇嘛）两名住持梵修念经。每月初一、初八、十三日、十五日以喇嘛十人在正觉寺念经。

正觉寺南临河，三面环山，西北山上有一道墙。北山后为水池，池东为平桥，池正中有南北向石桥。现东西土山仍存，

◎绮春园 正觉寺山门

北山已为平地。

寺内苍松翠柏，布局严谨，空间多变。整个建筑群是三进院落，院落内参天的古柏绿荫森森。建筑群在中轴线上，为山门、天王殿、三圣殿、文殊亭、最上楼，还有两侧配殿、西廊房与院东配房等组成。

正觉寺南向山门，门外檐镶嵌石刻"正觉寺"匾，为乾隆帝御书汉、满、藏、蒙四种文字。正觉寺山门三间。据《成府村志》记载：其前寺门为三间歇山顶。其中"歇山顶"是古代建筑屋顶形式的一种，造型精美，结合了直线和斜线；在视觉效果上，给人以棱角分明，结构清晰之感。角门左右各塑哼哈二将。"哼哈"系两位金刚的俗称，他们是佛教中守护庙门的两个神，塑像多裸露半身，缠衣裳于腰部，形象威武。

山门之内均用砖石墁地，留出树池。东西分列钟楼与鼓楼，在楼前设旗杆一对，左右有二角门。

天王殿通常是山门内的第一重殿，五间，前列铁鼎，殿中

◎绮春园"正觉寺"石匾额

供奉有大肚弥勒佛一尊，殿内东西两侧为四大天王塑像。传说须弥山腰有一座犍陀罗山，山有四峰，各住一王及眷属，分守四大部洲，能护国安民，管风调雨顺。殿内中间供奉弥勒菩萨，面向南。弥勒像后供奉韦陀菩萨，面向北。东西两旁则供奉四大天王（即东方持国天王、南方增长天王、西方广目天王和北方多闻天王）。

据《成府村志》记载，三圣殿为正殿七间，殿为三间进深，前后有廊，并接后抱厦三间。左右配殿分列，层次变化，错落有序。其中"抱厦"为一种建筑模式，是建筑之前或之后接建出来的小房子，围绕厅堂、正屋后面的房屋，在形式上如同搂抱着正屋、厅堂。三圣殿的上檐为"庑殿顶"，而庑殿顶在中国古代各屋顶样式中等级最高。三圣殿内正中供奉着三世佛：如来佛、毗卢佛（即大日如来佛）和无量寿佛（即阿弥陀佛），东西两边还塑有十八罗汉，其内部陈设和装饰真可谓富丽堂皇。

三圣殿正中的供桌上摆放的"五供"指五种供物：香、花、灯、水、果。此供桌安放的"八吉祥"又称"八瑞相""八宝"，指藏传佛教中八种表示吉庆祥瑞之物：法轮、宝伞、吉祥结（又称"盘长""盘常"）、右旋螺、莲花、宝瓶

（又称"罐"）、金鱼、宝盖，即《成府村志》所简称的"轮、螺、伞、盖、花、罐、鱼、常"。

另外，三圣殿的正殿后抱厦内塑"南海大士一尊"，此即观世音菩萨。其中"站童二人为善财、龙女"，系观世音菩萨的胁侍。

北院的中心是文殊亭，为八方重檐亭，外檐匾曰"文殊亭"。此亭亦称殊像阁、文殊阁。乾隆五十六年（1791），奏准盖殊像阁重檐八方亭一座。此亭不详何时改成单檐。2003年又改为重檐亭。

文殊亭内神台高六尺，南北长方形汉白玉须弥座。台上塑一青狮昂首站立，头朝南，狮高八尺，身长一丈四尺，周身贴赤金。狮背驮九品莲台，上坐文殊菩萨楠木雕像，右腿盘坐，通高三丈。

最上楼、三圣殿前各有东西配殿五间。周围之廊房为喇

◎绮春园 正觉寺最上楼（背面）

◎绮春园 正觉寺之夜

嘛住所。最上楼有七间，楼东西各三间顺山殿。最上楼供佛五尊。

2002年，正觉寺的保护、修缮、复建工作启动，这是到目前为止北京文物主管部门批复整体复建的唯一古建筑群。

2009 年 12 月 16 日，正觉寺复建保护工程正式开工。2011 年
7 月 6 日，圆明园内现存的唯一一处土木结构的古建筑正觉寺
首次对公众"试开放"。这座古寺以它的执着、顽强见证了圆
明园被焚毁的历史。

后记

圆明园无疑是有灵魂的，如同有思想的人一样。古人在修建时倾注了思想，显示出非凡的智慧。园林和建筑的结合，产生出"诗中有画、画中有诗"的意境，传达出的意境并非单一的园子。

圆明园最初为胤禛亲王的花园，据《世宗宪皇帝御制圆明园》记载："园既成，仰荷慈恩赐以园额曰圆明"，但其中并未记载赐额的年、月、日。

雍正帝即位后的第二年，开始对圆明园进行大规模扩建。同年六月对园工的管理逐渐加强，而内务府都虞司不断地奏请调派官员前往圆明园。

雍正二年（1725），御园初步建成，同年八月，雍正帝开始在园内御门听政。乾隆帝即位后，继续营造圆明园，并于乾隆十年（1745）开始在圆明园紧东邻创建长春园。乾隆三十四年（1769），绮春园并入圆明园，但乾隆帝当时并未在绮春园园居。嘉庆帝即位后，对绮春园进行了大规模改建、增建，使其成为帝后长年园居之所。道光初年将该园东路改建增饰，专供皇太后、皇太妃园居之用。嘉、道时期圆明三园形成规模，统称"圆明园"。

圆明园既具有淡雅的古意，又有富丽堂皇之壮观。从红墙高殿的威严肃穆，到小桥流水的秀美清雅；从戏台上搬演古人事嬉笑怒骂，再到坛庙中"上事天，下事地，尊先祖而隆君师"的庄严沉静，圆明园诉说了一个王朝的兴衰，也展现了一个文明的典雅和庄重。

单志刚

2020 年 6 月 1 日

图书在版编目(CIP)数据

　　巧游圆明园：发现圆明园的 60 个细节 / 单志刚著 . -- 北京：故宫出版社，2020.11
　　ISBN 978-7-5134-1322-0

　　Ⅰ．①巧… Ⅱ．①单… Ⅲ．①圆明园－旅游指南Ⅳ. ① K928.73

中国版本图书馆 CIP 数据核字 (2020) 第 129199 号

巧游圆明园
发现圆明园的60个细节

著　　者：单志刚
出 版 人：王亚民
责任编辑：王冠良　任　晓
特约编辑：王一珂
装帧设计：李　猛　杜英敏　宗国燕
责任印制：常晓辉　顾从辉
出版发行：故宫出版社
　　　　　地址：北京市东城区景山前街4号　邮编：100009
　　　　　电话：010－85007800　010－85007817
　　　　　邮箱：ggcb@culturefc.cn
制　　版：北京印艺启航文化发展有限公司
印　　刷：北京启航东方印刷有限公司
开　　本：889毫米×1194毫米　1/32
印　　张：10.5
字　　数：240千字
版　　次：2020年11月第1版
　　　　　2020年11月第1次印刷
印　　数：1~5000册
书　　号：ISBN 978-7-5134-1322-0
定　　价：56.00元